Grammar Workbook for
Introductory
Italian

• • • • •

Domenico Maceri
Allan Hancock College

 **Custom Publishing**

Boston   Burr Ridge, IL   Dubuque, IA   Madison, WI   New York   San Francisco   St. Louis
Bangkok   Bogotá   Caracas   Lisbon   London   Madrid
Mexico City   Milan   New Delhi   Seoul   Singapore   Sydney   Taipei   Toronto

Grammar Workbook for Introductory Italian

McGraw-Hill's Custom Publishing consists of products that are produced from camera-ready copy. Peer review, class testing, and accuracy are primarily the responsibility of the author(s).

 2 3 4 5 6 7 8 9 0 QSR QSR 0 9 8 7 6

ISBN 0-07-353664-4

Editor: Julie Kehrwald
Production Editor: Nina Meyer
Cover Design: Pat Koch
Printer/Binder: Quebecor World

For **Linda** and *Lucia*

PREFACE

Grammar Workbook for Introductory Italian is a supplement to any first year textbook. The focus is on exercises and easy-to-read explanations of grammar points students encounter in first-year Italian. The information is presented in small "chunks" and followed by exercises that move from very easy to challenging. Review sections, which could be used as a means of insuring mastery of the subject, complete each chapter. An answer key is provided in the back, so students can check their own progress.

The text can be used as a supplement to any first-year course. After the instructor has given a brief introduction to the grammar point in question, the exercises in this workbook could be assigned as class work or for individual practice outside of class. It could also serve as a review of the material covered in the main textbook or as individual practice for students who could profit from extra exercises. Although the main audience for the text is first-year students, those at the intermediate level, especially those who return to the study of Italian after a lapse of time, will also find it useful in reviewing the grammar points of introductory Italian.

The explicit study of grammar has lost favor in the last few decades or so. Many people feel that students will learn the grammatical concepts inductively by means of "comprehensible input." They are right. Yet, since we have such limited amount of time to provide this input, it becomes essential that we utilize not simply the inductive approach but the deductive one as well. If we have enough supplementary materials for students to work with outside of class —the deductive part— then in class we will be able to concentrate on communication activities.

I am grateful to Giuseppe Codispoti, Suzanne Franklin, Joyce Hall, Angelo Maceri, Marianne Moss, Hugh Platt, and Kathryn Stockdale for their helpful suggestions.

CONTENTS

1. Indefinite Articles and Nouns *1*
2. Plural of Nouns *7*
3. Definite Articles *11*
4. Subject Pronouns *15*
5. Present Tense of *Avere* *19*
6. Descriptive Adjectives *23*
7. Present Tense of *Essere* *27*
8. Present Tense of
       -*Are* Verbs *31*
9. Present Tense of *Dare,*
       Stare, Andare, Fare *37*
10. Posessive Adjectives *41*
11. Demonstratives *45*
12. Present Tense of -*Ere* & -*Ire*
       Verbs *49*
13. Present Tense of
       Dovere, Potere, Volere, Dire,
       Uscire, Venire *53*
14. Direct Object Pronouns *59*
15. *Preposizioni Articolate* *67*
16. *Passato Prossimo-Avere* *71*
17. *Passato Prossimo-Essere* *77*
18. *Sapere* and *Conoscere* *83*

19. Indirect Object Pronouns *87*
20. Direct Vs. Indirect Object
       Pronouns *95*
21. *Piacere* *99*
22. Reflexive Verbs *103*
23. Imperfect *109*
24. Imperfect Vs. *Passato*
       Prossimo *113*
25. Comparisons *119*
26. Future *127*
27. Double Object Pronouns *133*
28. Commands:
       Tu, Noi, Voi *139*
29. Commands: Lei *145*
30. Conditional *151*
31. *Passato Remoto* *155*
32. Present Subjunctive: Forms *161*
33. Present Subjunctive: Usage *167*
34. Past Subjunctive *175*
35. Imperfect Subjunctive *181*
36. Review of Verbs *187*
37. Answer Key *193*
       About the Author *211*

1 INDEFINITE ARTICLES AND GENDER OF NOUNS

The names for objects, places, people, animals, and ideas are called **nouns** (*nomi* or *sostantivi*). All nouns in Italian are either masculine or feminine.* Generally, nouns ending in -**o** are masculine. Nouns ending in -**a** are feminine.

masculine (*maschile*)	feminine (*femminile*)
libro *book*	casa *house*
museo *museum*	mappa *map*

In general, the indefinite article (*articolo indeterminativo*) for masculine nouns is **un** (*a, an*). Feminine nouns use **una** (a, an).**

masculine (*maschile*)	feminine (*femminile*)
un libro *a book*	una casa *a house*
un museo *a museum*	una mappa *a map*

A. Add the appropriate indefinite article **un** or **una**.

1. _____ professoressa 2. _____ festa 3. _____ libro
4. _____ discoteca 5. _____ segretario 6. _____ laboratorio
7. _____ signora 8. _____ amico 9. _____ banco
10. _____ studentessa

- Nouns ending in -**ione** or -**tà** are feminine.

    una nazione (*a nation*); una città (*a city*)

---

* The gender of objects, places, things, and ideas has no relationship with sex. It is simply a grammatical feature. It does not suggest masculine or feminine attributes in the minds of native speakers.

** **Un** and **una** can also translate as **one.** The context makes the distinction.

- Nouns ending in -**nte** or -**ista** may be masculine or feminine. The indefinite article and the context indicate if you are talking about a man or a woman.

    un cliente (*a male client, customer*); una cliente (*a female client, customer*)

    un dentista (*a male dentist*); una dentista (*a female dentist*)

- Some nouns that refer to people indicate gender (*genere*) by changing the final vowel: signore (*gentleman*) signor**a** (*lady*); cugino (*male cousin*) cugin**a** (*female cousin*); amico (*male friend*) amic**a** (*female friend*).

B. Add the appropriate indefinite article **un** or **una**.

1. _____ cliente (*masc.*) 2. _____ condizione 3. _____ pianista (*fem.*) 4. _____ socialista (*masc.*) 5. _____ cantante (*fem.*)
6. _____ società 7. _____ artista (*masc.*) 8. _____ situazione
9. _____ città 10. _____ costruzione

- Nouns ending in -**e** or **consonants** can be masculine or feminine. Try to learn the gender as you encounter them. Here are some common ones.

masculine (*maschile*)	feminine (*femminile*)
un signore *a gentleman*	una notte *a night*
un ristorante *a restaurant*	una lezione *a lesson*
un autobus *a bus*	una classe *a class*
un fiore *a flower*	una visione *a vision*
un film *a film*	una stazione *a station*
un attore *an actor*	una parte *a part*
un computer *a computer*	una madre *a mother*

Exceptions: the following nouns do not follow the rules you have learned:

- **problema, programma, sistema,** and **telegramma** end in -**a** but are masculine.
- abbreviated nouns retain the original gender: **foto** (fem. *fotografia*), **bici** (fem. *bicicletta*), **cinema** (masc. *cinematografo*).

- The gender of **persona** is feminine, but it may refer to a man or a woman. The context clarifies the meaning.

C. Review. Add the appropriate indefinite article **un** or **una**.

1. _____ segretario 2. _____ notte 3. _____ signore
4. _____ classe 5. _____ problema 6. _____ ufficio
7. _____ bici 8. _____ visione 9. _____ caffè 10. _____ attore
11. _____ film 12. _____ situazione 13. _____ dentista (*masc.*)
14. _____ pianista (*fem.*) 15. _____ sassofono 16. _____ cinema
17. _____ sera 18. _____ tè 19._____ persona
20. _____ colore

- The indefinite article for **masculine** nouns beginning with "s" + a **consonant** or "z" is **uno** (*a*). Feminine nouns use **una** (*a*).

uno studente	*a student*
uno stadio	*a stadium*
uno zoo	*a zoo*
uno zio	*an uncle*

The indefinite article for **feminine** nouns beginning with a vowel is **un'** (*an*).*

un'attrice	*an actress*
un'italiana	*an Italian woman*
un'idea	*an idea*
un'isola	*an island*

D. Add the appropriate indefinite article **uno** or **un'**.

1. _____ stadio 2. _____ zero 3. _____ insalata
4. _____ università 5. _____ stato 6. _____ stereo
7. _____ industria 8. _____ amica 9. _____ sport
10. _____ elezione

---

* **un** is really **una** where the "a" is dropped because it is followed by a vowel.

Indefinite Articles and Gender of Nouns

E. Quiz.** Add the appropriate indefinite article **un, una, uno,** or **un'**.

1.	studentessa	6.	lezione
2.	attore	7.	amica
3.	zio	8.	banco
4.	idea	9.	città
5.	stadio	10.	persona

F. Quiz. Translate.

1. a student (*m.*) _____

2. a saxophone _____

3. a pencil _____

4. a house _____

5. a night _____

6. a day _____

7. an uncle _____

8. a secretary (*m.*) _____

9. a problem _____

10. an island _____

11. a man _____

12. a museum _____

13. a situation _____

14. a city _____

15. a doctor (*m.*) _____

16. a friend (*f.*) _____

17. an artist (*f.*) _____

** Before doing exercises labeled "quiz" you should review the previous sections.

Indefinite Articles and Gender of Nouns

18. a book _____

19. an elephant _____

20. a dentist (*m.*) _____

Indefinite Articles and Gender of Nouns

2 PLURAL OF NOUNS

Nouns ending in "o" make the plural by changing the vowel to "i"; those in "a" change it to "e", and those in "e" change it to "i".

singular	plural
libro *book*	libri *books*
casa *house*	case *houses*
lezione *lesson*	lezioni *lessons*

A. Change from singular to plural.

singular	plural	singular	plural
1. treno	*treni*	9. classe	
2. casa		10. madre	
3. amico		11. studente	
4. pizza		12. insalata	
5. panino		13. attore	
6. stazione		14. notte	
7. libro		15. dottore	
8. mappa		16. attrice	

• Nouns ending with a consonant don't change in the plural: **autobus**-*bus*, busses; **film**-*film, films*

• Nouns ending in an accented vowel don't change in the plural: **città**-*city, cities*; **tè**- *tea, teas*, **università**-*university, universities*.

Plural of Nouns

B. Change from singular to plural.

singular	plural	singular	plural
1. autobus		6. italiano	
2. signora		7. bar	
3. caffè		8. stato	
4. dottore		9. città	
5. panino		10. isola	

- Nouns ending in –**ca, ga,** make the plural in **-che, -ghe**
- Nouns ending in –**co, go,** make the plural in **-chi, -ghi**

amica *amiche*	disco *dischi*
paga *paghe*	dialogo *dialoghi*

- A few exceptions: **amico-amici, nemico-nemici, greco-greci**
- Some nouns ending in –**io** or –**ia** drop the "i" in the plural.

negozio *negozi*	faccia *facce*
viaggio *viaggi*	mancia *mance*

- Some other nouns retain it.

zio *zii*	bugia *bugie*
farmacia *farmacie*	allergia *allergie*

C. Change from singular to plural.

1. amico		6. bugia	
2. disco		7. negozio	
3. mancia		8. faccia	
4. zia		9. dialogo	
5. farmacia		10. paga	

D. Quiz. Change from singular to plural.

1. signora		9. autobus	
2. stato		10. negozio	
3. provincia		11. disco	
4. tedesco		12. lago	
5. attrice		13. film	
6. pizza		14. notte	
7. nazione		15. panino	
8. bottega		16. caffè	

Plural of Nouns

3 DEFINITE ARTICLES

	singular (singolare)	plural (plurale)
definite articles (*articoli determinativi*)	**il** *the* **la** *the*	**i** *the* **le** *the*

- **Il, la, i, le** are the most widely used definite articles in Italian.
- The plural masculine form includes a group made entirely of men or men *and* women. The plural feminine form is used to describe a completely feminine group.

A. Change from singular to plural.

Example: la mappa *le mappe*

1. il libro* _____
2. la casa _____
3. la persona _____
4. la dottoressa _____
5. il professore _____
6. la cliente _____
7. il socialista _____
8. il laboratorio _____
9. la notte _____
10. la dentista _____
11. il presidente _____
12. la parte _____
13. la situazione _____
14. la lettera _____
15. il caffè _____
16. il banco _____
17. il cane _____

---

* Remember that to make nouns plural you change from: **o-i**, **a-e**, and **e-i**.

18. la banana_____

19. la signora _____

20. il supermercato _____

****

Nouns beginning with **vowels** use **l'** (masc. or fem.), **le** (fem. only), or **gli** (masc. only).

singular	plural
l'idea* *the idea*	le idee *the ideas*
l'albergo *the hotel*	gli alberghi *the hotels*

B. Add the definite article and then change from singular to plural.

       Examples: **l'**aereo   **gli** *aerei*

                    l'italiana   **le** *italiane*

singular	plural
1. _____ amico	
2. _____ aranciata	
3. _____ albergo	
4. _____ australiano	
5. _____ animale (*m.*)	
6. _____ argentina	
7. _____ informazione	
8. _____ americano	
9. _____ inglese** (*m.*)	
10. _____ inglese (*f.*)	
11. _____ aeroporto	
12. _____ autobus	
13. _____ occhio	
14. _____ ufficio	
15. _____ università	

---

* "**L'**" is really '**la**' or '**lo**' where the "a" or the "o" has been dropped because of the following vowel. "**Le**" and "**gli**" do not drop the vowel.

** Adjectives of nationality ending in -**se** —*inglese, francese, portoghese, giapponese, olandese, irlandese*— use the same forms in the singular for masculine and feminine: *l'inglese*- the Englishman, the Englishwoman. In the plural they become *le inglesi* and *gli inglesi*.

Definite Articles

****

Masculine nouns beginng with "s" + a **consonant** or "z" use "**lo**" or "**gli**."

singular	plural
lo studente *the student*	gli studenti *the students*
lo zio *the uncle*	gli zii *the uncles*

C. Add the appropriate indefinite article **lo** or **gli**.

1. _____ stadio 2. _____ zero 3. _____ studenti

4. _____ spaghetti 5. _____ stato 6. _____ stereo

7. _____ spagnoli 8. _____ straniero 9. _____ sport (*sing.*)

10. _____ zoo (*pl.*)

D. Quiz. Add the appropriate definite article **il, lo, la, l', i, gli, le**.

1. _____ segretarie 2. _____ libri 3. _____ laboratori

4. _____ amiche 5. _____ notte 6. _____ aereo

7. _____ zio 8. _____ clienti 9. _____ idea

10. _____ signora 11. _____ alberghi 12. _____ stadi

13. _____ studentesse 14. _____ pianista (*masc.*)

15. _____ informazioni 16. _____ banchi

E. Quiz. Translate.

1. the dentists (*f.*) _____

2. the elephants _____

3. the books _____

4. the artists (*f.*) _____

5. the friends (*f.*) _____

6. the doctors (*m.*) _____

7. the cities _____

8. the situations _____

9. the sports _____

10. the men _____

11. the women _____

12. the problems _____

13. the secretaries (*m.*) _____

14. the offices _____

15. the days _____

16. the nights _____

17. the houses _____

18. the pencils _____

19. the saxophones _____

20. the students (*m.*) _____

TIPS

1. Remember that the article is pronounced quickly with the noun that follows it. Don't pause between article and noun.
2. The noun is more important than the article. The article has some meaning, but it must be used with the noun.

4 SUBJECT PRONOUNS

Study the subject pronouns (*pronomi soggetto*) very well and then do the exercises.

Singular	Plural
io-I	**noi**-we
tu-you (*familiar*)	**voi**-you (*plural*)
Lei-you (*formal*)	**voi**-you (*plural*)
lui-he	**loro**-they (*masculine*)
lei-she	**loro**-they (*feminine*)

- **Tu** is used when the relationship is close enough so that you could call the person by the first name.

- **Lei** is used in any situation in which you would call a person by his or her last name.

- **Voi** is the plural for "**tu**" and for "**Lei**." However, there is a formal plural "**Loro**" which may be used in very formal situations.

- **Lei** (*you*), **lei** (*she*): these two are distinguished by the context.
  Signor Rossi, Lei parla italiano?
  Mr. Rossi, do you speak Italian?
  Maria parla francese? Sì, lei parla francese.
  Does Maria speak French? Yes, she speaks French.

A. Translate.

1. lui _____
2. io _____
3. noi _____
4. loro _____
5. Lei _____
6. voi _____
7. tu _____
8. lei _____

B. Match the letters with the numbers.

1. loro _____   **a**. *you* (plural)

2. tu _____   **b**. *we*

3. Lei _____   **c**. *she*

4. lui _____   **h**. *I*

5. lei _____   **d**. *they*

6. noi _____   **e**. *you* (formal)

7. voi _____   **f**. *he*

8. io _____   **g**. *you* (familiar)

C. What subject pronoun would you use to talk **to** the following people?

1. your brother _____

2. your Italian professor _____

3. three of your classmates _____

4. your dog _____

5. your cousins _____

6. a child and her dad _____

7. your doctor _____

8. your best friend _____

D. What subject pronoun would you use to talk **about** the following people?

1. your friend Mary_____

2. Linda and Jack _____

3. Gina and Francesca_____

4. The president _____

5. you and your brothers_____

6. your French and math teachers _____

7. yourself_____

8. you and your dad _____

E. Quiz. Translate.

1. they _____

2. I _____

3. she _____

4. you (*form.*) _____

5. he _____

6. you (*fam.*) _____

7. we _____

8. you (*pl.*) _____

NOTE: *Check your answers in the back. If you did not get them all right, restudy the subject pronouns and then do exercise* F.

F. Quiz. Translate.

1. you (*form.*) _____

2. he _____

3. you (*pl.*) _____

4. we _____

5. they _____

6. I _____

7. she _____

8. you (*fam.*) _____

Subject Pronouns

5 PRESENT TENSE OF *AVERE*

AVERE	TO HAVE
io **ho**	I have
tu **hai**	you have (*fam.*)
Lei **ha**	you have (*form.*)
lui, lei **ha**	he, she has
noi **abbiamo**	we have
voi **avete**	you have (*pl.*)
loro **hanno**	they have

A. Add the correct form of the subject pronoun **io, tu, lui, lei, Lei, noi, voi,** or **loro.**

1. _____ abbiamo una macchina.

2. _____ ho un gatto.

3. Quanti anni hai _____ ?

4. (*You pl.*) _____ avete un lavoro?

5. (*You fam.*) _____ hai una bici.

6. (*They*) _____ hanno parenti in Italia.

7. (*You form.*) _____ ha una motocicletta.

8. (*He*) _____ ha una valigia.

B. Add the correct form of **avere**.

1. New York _____ molti ristoranti.

2. Tu _____ una classe di francese.

3. Lei _____ un bicchiere di vino.

4. Loro _____ molti amici.

5. Quanti anni _____ Lei?

6. Loro _____ un dottore messicano.

7. Voi _____ una classe di geografia?

8. Noi _____ due sorelle.

Idioms with *avere*

Idioms are special phrases which do not translate literally. If you translate the idiom literally, it may make no sense or sound awkward. **Avere** is used in a number of idiomatic phrases. A very widely used one is **avere anni** (*lit.* to have years), i.e. to be # of years old: **Ho trentacinque anni.** *I am thirty-five years old.* **Ha sette anni.** *He is seven years old.* Other idioms with **avere** follow:

PHRASE	LITERAL MEANING	IDIOMATIC MEANING
avere caldo	to have heat	to be hot
avere freddo	to have cold	to be cold
avere fame	to have hunger	to be hungry
avere sete	to have thirst	to be thirsty
avere sonno	to have sleep	to be sleepy
avere fretta	to have hurry	to be in a hurry
avere paura di	to have fear	to be afraid
avere ragione	to have right	to be right
avere bisogno di	to have need	to need
avere voglia di	to have a desire	to feel like doing something

Avere needs to be conjugated to agree with the subject pronoun.

Lui ha freddo. *He is cold.* **Hai fame (tu)?** *Are you hungry?*

C. Match the statements with the idiom of **avere.**

1. It's -20°.   **a.** Hanno bisogno di cinque dollari.
2. A lion comes in the house.   **b.** Hai paura?
3. It's 95°.   **c.** Ho fretta.
4. Two + two = ten.   **d.** Lei ha sete.
5. They have not had lunch.   **e.** Hanno caldo
6. She is falling asleep.   **f.** Ho voglia di un gelato.
7. The train is leaving now!   **g.** Ho freddo.
8. I am in an ice cream parlor.   **h.** Non avete ragione.
9. It costs five dollars more.   **i.** Hanno fame.
10. You've just reached an oasis.   **j.** Ha sonno.

D. Quiz. Fill in the correct form of **avere**.

1. Massimo _____ un passaporto americano.
2. Le signorine _____ amici argentini.
3. Mio nonno _____ ottantatré anni.
4. Noi _____ fame.
5. Tu _____ sete?
6. Voi _____ parenti in Italia?
7. Roma _____ sette colli (*hills*).
8. Io non _____ uno zaino.
9. Frankenstein _____ occhi grandi.
10. Non è possibile _____ una macchina nella classe.
11. Lui _____ fretta.
12. Maria e Luisa _____ due gatti.
13. Voi _____ un buon lavoro?
14. I miei genitori _____ bisogno di una macchina.
15. Lei _____ voglia di un cappuccino?

E. Quiz. Translate.

1. I have a lot of friends.

   _____

2. Students have many CDs.

   _____

3. How old is your (*fam.*) grandmother?

   _____

4. She is afraid of exams.

   _____

5. Do you (*pl.*) have relatives in Italy?

   _____

6. We have a class at ten (*alle dieci*).

   _____

7. They don't have Italian passports.

_____

8. Luisa is thirsty.

_____

9. It's not necessary to have ten classes.

_____

10. Do you (*form.*) have a job?

_____

11. They have many books.

_____

12. My parents have a German car.

_____

13. Linda and Maria have bicycles.

_____

14. He has cousins in California.

_____

15. My sister feels like having ice cream.

_____

TIP

Make sure you learn the present tense of avere *very well. It's very valuable in itself. In addition, you'll use it when you learn the past tense since it is used as the helping verb for the* passato prossimo *(past).*

---

6 DESCRIPTIVE ADJECTIVES

Agreement

- Descriptive adjectives (*aggettivi qualificativi*) agree in gender and number with the noun they describe.
- Adjectives ending in "**o**" in the masculine have four forms: **-o,-a,-i,-e.**

	masculine	feminine
singular	il bambino biondo	la bambina bionda
plural	i bambini biondi	le bambine bionde

A. Change from singular to plural.

1. il ragazzo alto _____
2. la signora bassa _____
3. la dottoressa sincera _____
4. la macchina rossa _____
5. la casa vecchia _____
6. la città americana _____
7. il dottore onesto _____
8. la signorina californiana _____
9. il ristorante italiano _____
10. il cliente spagnolo _____

- Adjectives ending in "**e**" have two forms only, one for the singular, the other for the plural:

    il libro verde   la macchina verde
    i libri verdi   le macchine verdi

- Adjectives ending in "**ese**" in the masculine also have two forms as follows:

    la ragazza francese   le ragazze francesi
    il ragazzo francese   i ragazzi francesi

- Common adjectives following this pattern include *portoghese, inglese, olandese, giapponese, danese, irlandese,* etc.

Descriptive Adjectives

- Adjectives ending in -**ca**, -**co**, -**ga**, -**go**, generally add an "h" to retain the hard sound:

    stanco-stanchi   *stanca-stanche*

B. Change from singular to plural.

1. il ragazzo gentile _____
2. la signora ricca _____
3. il paziente sentimentale _____
4. la bambina inglese _____
5. il treno bianco _____
6. la strada larga _____
7. la signorina giapponese _____
8. il professore sensibile _____
9. la mensa antica _____
10. il ristorante tedesco _____

C. Circle the adjectives that could be used to describe the noun without changing forms.

1. la ragazza (alta, bionda, danesi, formale, messicano)
2. gli amici (portoghese, bruni, vecchie, sposati, intellettuali)
3. la casa (grande, interessante, affascinante, nuova, grigio)
4. l' escursione (importante, caro, eccellenti, terribile, italiana)
5. l'areo (francese, nuova, caro, verde, olandesi)
6. le discussioni (larghi, formale, serie, democratiche, brevi)

Position of Adjectives

- Most adjectives in Italian are placed **after** the noun:

la macchina italiana	the Italian car
la casa verde	the green house
le signore messicane	the Mexican ladies
gli spaghetti deliziosi	the delicious spaghetti

- The following adjectives always precede the noun they modify:

    stesso-a, stessi-e (same): *la stessa cosa* (the same thing)

    altro-a, altri-e (other): *le altre lasagne* (the other lasagne)

    molto-a (much), molti-e (many): *molti amici* (many friends)

Descriptive Adjectives

• The following adjectives usually go before the noun. Typically they describe an intrinsic or typical quality of the noun. Sometimes they suggest a one-of-a kind item.

   buono, brutto, bello, piccolo, grande, vecchio, giovane, nuovo, bravo, povero. In some cases the meaning changes if placed before or after:

• *È un pover'uomo.* He is a poor (unfortunate) man.

   È un uomo povero. He is a poor (not rich) man

• *È una vecchia amica.* She is an old friend (long-standing).

   È un'amica vecchia. She is an elderly friend.

D. Place the adjective before or after the noun.

1. un _____ uomo _____ (alto)

2. una _____ dottoressa _____ (ricca)

3. un _____ paziente _____ (gentile)

4. lo _____ studente _____ (povero, *not rich*)

5. la _____ ragazza _____ (intelligente)

6. un _____ amico _____ (buon)

7. un _____ edificio _____ (nuovo)

8. la _____ sedia _____ (comoda)

9. un _____ dizionario _____ (completo)

10. un _____ turista _____ (povero, *unfortunate*)

11. la _____ città di Firenze _____ (bella)

12. l' _____ amica _____ (vecchia, *age*)

E. Quiz. Translate.

1. an interesting class _____

2. the old friend (*long-standing, fem.*) _____

3. a nice tourist _____

4. a comfortable chair _____

5. a small car _____

6. three Chinese girls _____

7. an old male friend (*age*) _____

Descriptive Adjectives

8. the Italian doctors (*fem.*) _____

9. the blond boys _____

10. a yellow house _____

11. the important discussions _____

12. five complete dictionaries _____

13. the beautiful city of Siena _____

14. the green pens _____

15. the Colombian clients (*masc.*) _____

16. a long street _____

17. the new building _____

18. ten French bicycles _____

19. much beer _____

20. the other professors (*fem.*) _____

7 PRESENT TENSE OF *ESSERE*

ESSERE	TO BE
io **sono**	I am
tu **sei**	you are (*fam.*)
Lei **è**	you are (*form.*)
lui, lei **è**	he, she is
noi **siamo**	we are
voi **siete**	you are (*pl.*)
loro **sono**	they are

A. Add the correct form of the subject pronoun **io, tu, lui, lei, Lei, noi, voi,** or **loro.**

1. _____ siamo intelligenti.
2. _____ sono basso.
3. Come sei _____ ?
4. (*You pl.*) _____ siete del Portogallo.
5. (*You fam.*) _____ sei architetto.
6. (*They m.*)_____ sono i miei genitori.
7. (*You form.*) _____ è una buona professoressa.
8. (*He*) _____ è responsabile.

B. Add the correct form of **essere**.

1. New York non _____ la capitale della California.
2. Tu _____ studente.
3. Lei _____ mia nonna.
4. Loro _____ comici.
5. Come _____ Lei?
6. Loro _____ dottori.
7. Voi _____ della Germania?
8. Noi _____ le sorelle di Gina.

Use of *essere*

1. with **di** to express origin or possession:

> *Luigi è di Napoli.* Luigi is from Naples.
> *È la casa di Linda.* It's Linda's house.

2. to form general statements:

> *È necessario studiare.* It's necessary to study.*
> *È importante mangiare ogni giorno.* It's important to eat every day.

3. to tell time:

> *Sono le otto di sera.* It's eight p.m.
> *È l'una del pomeriggio.* It's one p.m.
> *Sono le dieci di mattina.* It's ten a.m.

4. Note that **sono** can mean "I am" or "they are." The context clarifies the difference.

C. Quiz. Fill in the correct form of **essere.**

1. Massimo _____ cantante.
2. Questi regali non _____ per la signorina.
3. I nonni _____ sensibili.
4. Noi _____ poveri.
5. _____ le otto di mattina.
6. Plácido Domingo _____ della Spagna.
7. Roma _____ la capitale dell' Italia.
8. Le sedie _____ piccole.
9. Frankenstein _____ bello?
10. Non _____ possibile bere birra in classe.
11. _____ impossibile giocare al baseball nel laboratorio.
12. Maria _____ la figlia di Giuseppe.
13. Fido _____ il cane di Dolores.
14. I miei genitori _____ dottori.
15. _____ le undici di notte.

---

* The Italian word for "it" as a subject is "esso." However, it is almost never expressed.

D. Quiz. Translate.

1. I am from Pisa.

_____

2. Students are responsible.

_____

3. The car is not old.

_____

4. The beer is for Franco.

_____

5. What's this?

_____

6. It's ten p.m.

_____

7. The table is big.

_____

8. Luisa is a doctor.

_____

9. It's not practical to watch television twelve hours a day.

_____

10. Where are you (*form.*) from?

_____

11. They are good friends.

_____

12. My parents are not rich.

_____

Present Tense of Essere

13. It's Gabriella's car.

_____

14. Los Angeles is not the capital of California.

_____

15. My sister wants (*desidera*) to be a psychologist (*psicologa*).

_____

TIP

Make sure you learn the present tense of essere *very well. It's very valuable in itself. In addition, you'll use it when you learn the past tense since it is used as the helping verb for the* passato prossimo (*past*).

---

8 PRESENT TENSE OF -ARE VERBS

• Italian verbs have two parts: the stem (*la radice*) (in the **Example** below, **cant**), which usually does not change, and the personal ending (*la desinenza*) (**o, i, a, iamo, ate**, and **ano**), which changes to match the pronoun you are using.

cantare *to sing*	
Singular	**Plural**
io cant**o** *I sing, am singing**	noi cant**iamo** *we sing, are singing*
tu cant**i** *you sing, are singing*	voi cant**ate** *you sing, are singing*
Lei cant**a** *you sing, are singing*	voi cant**ate** *you sing, are singing*
lui cant**a** *he sings, is singing*	loro cant**ano** *they sing, are singing*
lei cant**a** *she sings, is singing*	loro cant**ano** *they sing, are singing*

• The infinitive *(infinito)* of the verb ends in **-are, -ere,** or **-ire.** In this chapter you'll be studying **-are** verbs only.
   Here are some infinitives:

   ballare   *to dance*   **studiare**   *to study*
   parlare   *to speak*   **lavorare**   *to work*

• To form the present tense *(presente)*, drop **-are** from the infinitive and add the personal endings. Study the verb forms for the **-are** verbs. When you think you know them very well, do the exercises.

A. Write the correct form of the subject pronoun.

Example: <u>io</u> canto

1. _____ studi**o** 2._____ lavor**i** 3._____, _____,

_____cant**a**** 4._____ ball**iamo** 5 _____ cerc**ano**

6._____ insegn**o** 7._____ pronunci**amo**

---

* Another translation may be "I do sing," etc.
** If three spaces are provided, you need to add three subject pronouns.

Present Tense of -Are Verbs

8. _____ parli 9._____, _____, _____ desidera

10. _____ paghiamo 11._____ ritornano 12._____ dimentico

13. _____ frequenti 14. _____, _____, _____ arriva

15. _____ ballano 16. _____ pratichiamo

B. Complete the verbs with the appropriate ending.

Example: io parl**o**

1. io cant___ 2. voi ball____ 3. Noi cerch_____ 4. loro pag_____

5. tu ritorn____ 6. lui lavor____ 7. loro pratic_____

8. noi desider_____

C. Give the correct form of the verb. (Remember to take out -**are** and add the appropriate ending).

Example: noi- parlare- parl- parl**iamo**

1. io-cantare _____ 2. lui-ballare _____

3. loro-lavorare _____ 4. tu-pagare _____

5. voi-insegnare _____ 6. lei-studiare _____

7. noi-comprare _____ 8. Lei-suonare _____

D. Translate. (Remember that the verb ending for *Lei*, *lui*, and *lei* is the same. The meanings are, however, different).

1. Lei parla _____ 2. lui parla _____

3. lei parla _____ 4. Lei studia _____

5. lui pronuncia _____ 6. lei pronuncia _____

7. lui pratica _____ 8. Lei pratica _____

9. lei compra _____ 10. lui lavora _____

E. Make the changes following the model and translate. (Note that the verb endings remain the same because the subjects—Linda (lei), Maria (lei), Marco (lui), Luigi (lui)—are the same).

Example: Linda parla. *Lei parla.* <u>She speaks.</u>

1. Linda studia. _____

2. Maria pratica. _____

3. Francesca pronuncia. _____

4. La professoressa compra. _____

5. Baryshnikov balla. _____

6. Gino desidera. _____

Present Tense of -Are Verbs

7. Luisa paga. _____

8. Il dottore ritorna. _____

9. Laura racconta. _____

10. Il presidente suona. _____

F. Change following the model. (Note that anytime you add another subject to **io**, the equivalent subject is **noi** and the verb will end accordingly).

    Example: Luisa ed* io (cantare). *Luisa ed io cantiamo.*

1. Linda ed io (studiare)._____

2. Francesco ed io (praticare)._____

3. Maria ed io (pronunciare). _____

4. La dottoressa ed io (ballare). _____

5. I professori ed io (lavorare). _____

6. Lei ed io (cercare). _____

7. Tu ed io (pagare). _____

8. Voi ed io (frequentare)._____

9. Lei ed io (insegnare). _____

10. Loro ed io (arrivare). _____

G. Change following the model. Note that when you have a combined subject that includes **Lei** or **tu**, the equivalent subject is always **voi**. The verb will therefore end accordingly. (The exception to this is the presence of **io**. Remember that when **io** is part of a combined subject, the equivalent is always **noi**. See exercise **F**.)

    Example: Francesco e Lei (studiare). *Francesco e Lei studiate.*

1. Le professoresse e Lei (ritornare). _____

2. Pino e Lei (praticare). _____

3. Tu e lei (cantare). _____

4. Il dottore e Lei (frequentare). _____

5. Linda e tu (parlare). _____

6. Maria e tu (desiderare)._____

7. Il segretario e Lei (comprare). _____

8. La signorina e tu (ballare). _____

---

* "Ed" is "and" when the next word begins with a vowel.

Present Tense of -Are Verbs

9. Teresa e lei (lavorare). _____

10. Gli studenti e tu (pagare). _____

H. Review. Write the subject pronoun and then translate.

Example: _io_ canto <u>I sing (I am singing, I do sing)</u>

1. _____ studio _____

2. _____ lavori _____

3. _____ desidera _____

_____

_____

4. _____ balliamo _____

5. _____ cercano _____

6. _____ insegno _____

7. _____ parli _____

8. _____ frequenta _____

_____

_____

9. _____ paghiamo _____

10. _____ praticano _____

11. _____ ritorno _____

12. _____ suoni _____

13. _____ lavora _____

_____

_____

14. _____ cominciano _____

15. _____ cerchiamo _____

I. Quiz. Conjugate the verb.

1. parlare-Luisa_____

2. desiderare-noi _____

3. frequentare-loro _____

4. pagare-io_____

5. lavorare-loro _____

6. suonare-la segretaria ed io _____

7. insegnare-tu_____

Present Tense of -Are Verbs

8. ballare-Maria e Lei _____

9. cercare-lei _____

10. praticare-i dottori e tu _____

Using the infinitive

- As in English, the infinitive (*infinito*) is often used after another verb.
    Io non desidero lavorare oggi. *I don't wish to work today.*
- The infinitive is also used with impersonal expressions such as **è importante, è possibile, è impossibile,** etc.
    È importante studiare. *It's important to study.*

J. Quiz. Translate. Remember that the English present progressive is translated in Italian with the regular present tense—I am speaking = *Io parlo*; We are singing = *Noi cantiamo*.

1. The teacher speaks French.

_____

2. The students are studying.

_____

3. Frank and I are practicing.

_____

4. Are you (*fam.*) working?

_____

5. I don't want to speak English now.

_____

6. Gina doesn't sing very well.

_____

7. We dance at the party.

_____

8. They are returning home.

_____

9. You (*pl.*) prepare the lessons in the morning.

_____

10. Giuseppe teaches in the afternoon.

_____

11. I don't wish to return to the university.

_____

12. We are looking for the laboratory.

_____

TIPS
1. Remember that native speakers do not express subject pronouns except for emphasis or contrast.
2. In speaking, you may wish to use the subject pronouns. Thus if you somehow do not use the correct verb-ending, the presence of the subject pronoun will help you to communicate.

9 PRESENT TENSE OF *DARE, STARE, ANDARE,* AND *FARE*

dare *to give*	stare *to stay*	andare *to go*	fare *to do, make*
io do	io sto	io vado	io faccio
tu dai	tu stai	tu vai	tu fai
lui, lei, Lei dà	lui, lei, Lei sta	lui, lei, Lei va	lui, lei, Lei fa
noi diamo	noi stiamo	noi andiamo	noi facciamo
voi date	voi state	voi andate	voi fate
loro danno	loro stanno	loro vanno	loro fanno

A. Write the correct form of the subject pronoun and then translate.
   Example: io faccio. I do, make

1. _____ vado _____
2. _____ fai _____
3. _____ dà _____

   _____

   _____

4. _____ stiamo _____
5. _____ fa _____

   _____

   _____

6. _____ va _____

   _____

   _____

7. _____ sto _____
8. _____ dai _____
9. _____ andate _____
10. _____ danno _____
11. _____ facciamo _____
12. _____ do _____

Present Tense of Dare, Stare, Andare, *and* Fare

- **Dare** means "to give" but it's also used in school jargon to translate "to take an exam": *Do un esame domani.* I am taking an exam tomorrow.

- **Stare** means "to stay" but it is also used in some idiomatic phrases:
  Come stai? *How are you doing? (i.e. How is your health?)*
  State attenti! *Pay attention! (Command)*
  Stai zitto-a! *Be quiet! (Command)*

- **Andare** is followed by the preposition "in" with transportation:
  andare in macchina, andare in treno, andare in aereo.
  Andare is also followed by the preposition "in" with countries, regions, and continents. It's also used with American states ending in "a":
  Vanno in Francia.
  Andiamo in Toscana.
  Andate in Asia?
  Vado in California.

- **Fare** means "to do" or "to make." Questions with **fare** are often answered with another verb.
  Che cosa fai in una discoteca? Ballo.
  What do you do in a club? I dance.
  Che cosa fa il professore in ufficio? Lui lavora.
  What does the professor do in the office? He works.

- **Fare** is also used in many idiomatic expressions:
  Fa freddo. *It's cold.* Fa caldo. *It's hot.*
  fare una domanda: *to ask a question*
  fare colazione: *to have breakfast*
  fare una fotografia: *to take a picture*

B. Write the correct form of **dare, stare, andare,** or **fare.**

1. Sono molto curioso. Io (fare) _____ molte domande.
2. Gina ha molti corsi. Lei (dare) _____ molti esami.
3. Noi non (stare) _____ molto bene oggi.
4. Tu (fare) _____ colazione alle sette o alle otto?
5. Loro (andare) _____ in Europa.
6. Voi (dare) _____ molti regali?
7. Che cosa (fare) _____ tu domenica?
8. (Fare) _____ molto caldo nel deserto.
9. Come (stare) _____ Lei?

Present Tense of Dare, Stare, Andare, *and* Fare

10. Dove (andare) _____ voi in vacanze?
11. Io (stare) _____ a casa stasera.
12. Che cosa (fare) _____ gli studenti in classe?
13. Loro non (dare) _____ molti regali.
14. Tu (andare) _____ in Florida?
15. A che ora (fare) _____ colazione voi?

C. Quiz. Translate.

1. What do you (*fam.*) do on Friday nights?

_____

2. At what time does your (*form.*) brother go to school?

_____

3. We don't give many gifts.

_____

4. I feel fine today.

_____

5. Luigi is taking a math exam.

_____

6. It's cold now.

_____

7. My grandfather doesn't go to Italy in the winter.

_____

8. We are staying home.

_____

9. Students are curious. They ask questions.

_____

10. Do you (*pl.*) give gifts for mother's day (*il giorno delle madri*)?

_____

Present Tense of Dare, Stare, Andare, *and* Fare

11. At what time do you (*pl.*) have breakfast?

_____

12. I am going to Africa in the spring.

_____

13. When do professors go to the library?

_____

14. How are you (*pl.*) doing?

_____

15. Franca is taking many pictures.

_____

10 POSSESSIVE ADJECTIVES

il mio	i miei	la mia	le mie	*my*
il tuo	i tuoi	la tua	le tue	*your (fam.)*
il Suo	i Suoi	la Sua	le Sue	*your (form.)*
il suo	i suoi	la sua	le sue	*his, her, its*
il nostro	i nostri	la nostra	le nostre	*our*
il vostro	i vostri	la vostra	le vostre	*your (pl.)*
il loro	i loro	la loro	le loro	*their*

- Possessive adjectives in Italian agree with the noun they modify:
  la mia casa   i tuoi amici   la nostra dottoressa   i vostri amici
- **loro** never changes, but the article does:
  il loro presidente   le loro bambine
- Since **Suo**, **suo** and their forms can sometimes be confusing, one may use the alternate **di lui**, **di lei**, **di Lei** for clarification.
- Possessives agree with the noun being "possessed" not the possessor:
  suo fratello could mean "her brother" or "his brother."
  The "possessor" for **la tua casa** could be a man or a woman. The context clarifies the meaning.
- There is no **'s** in Italian. It comes out with the preposition **di**:
  Maria's class: *la classe di Maria.*

A. Circle the appropriate possessive adjective (*aggettivi possessivi*).

1. *Il mio / La mia*   macchina è piccola.
2. *Il nostro / La nostra*   professoressa è intelligente.
3. *Le Sue / I Suoi*   scarpe sono belle.
4. *I tuoi / Le tue*   amici sono francesi?
5. *Il vostro / La vostra*   dottore è basso.
6. *Le sue / I suoi*   classi sono interessanti.
7. *I vostri / Le vostre*   cugini sono italiani.
8. *I miei / Le mie*   foto sono digitali.
9. *Il loro / La loro*   aeroporto è grande.
10. *Il nostro / La nostra*   stazione è vecchia.

B. Change from singular to plural.

1. il suo gatto _____
2. il nostro libro _____
3. la vostra casa _____
4. la loro dottoressa _____
5. la tua amica _____
6. il mio cane _____
7. la nostra banca _____
8. la loro cugina _____
9. la tua classe _____
10. il mio cliente _____

C. Fill in the appropriate possessive adjective. The underlined subject is a clue as to which possessive you should use. Be sure to include the appropriate definite article.

Example: <u>Maria</u> parla inglese con ***i suoi*** amici australiani.

1. <u>Io</u> parlo spagnolo con _____ professoressa di spagnolo. Parlo inglese con _____ professori di matematica e di fisica.
2. <u>Gino</u> parla inglese con _____ dottore, ma parla italiano con _____ amici.
3. <u>Noi</u> parliamo con _____ segretaria al lavoro. Parliamo al telefono con _____ cugini argentini.
4. <u>Tu</u> parli tedesco con _____ amici austriaci. Parli inglese con _____ clienti.
5. <u>Loro</u> parlano con _____ professore di filosofia all'università Parlano con _____ cani in giardino.
6. <u>Lei</u> parla con _____ gatto in spagnolo o in francese?
7. <u>Linda</u> parla con _____ amiche in italiano.
8. <u>Tu</u> parli con _____ compagno di stanza in russo?

Possessive Adjectives with Family Members

• Possessive adjectives do not use the definite article with family members in the singular forms:

   mio nonno   *suo cugino*   *nostra sorella*

Possesive Adjectives

- In the plural, the article **is** used with family members:

    i miei nonni   *i suoi cugini*   *le nostre sorelle*
- The article is used with family members in the singular if the noun is modified or used in the diminutive:

    *la mia **cara** cugina*   *il tuo fratell**ino***
- **papà, babbo** (*dad*), and **mamma** typically use the definite article:

    il mio papà but *mio papà* is also OK.
- **Loro** always uses the article with all nouns *including* family members in the singular and plural:

    ***il** loro fratello*   ***la** loro sorella*   ***i** loro nonni*

D. Add the definite article (if necessary).

1. _____ mia cugina   2. _____ loro papà

3. _____ miei fratelli   4. _____ sue sorelle

5. _____ tuo fratellino   6. _____ Sua madre

7. _____ nostra bella figlia 8. _____ sua moglie

9. _____ loro zia   10. _____ vostri figli

E. Quiz. Translate.

1. my friends _____

2. your shirt (*form.*) _____

3. her clients _____

4. their parents _____

5. your car (*fam.*) _____

6. our French teacher (*masc.*) _____

7. his classes _____

8. her cats _____

9. our president _____

10. your ideas (*fam.*) _____

Possesive Adjectives

11. her boyfriend _____

12. his shoes _____

13. my house _____

14. their radio _____

15. his sisters _____

16. her hat _____

17. our little brother _____

18. your (*pl.*) grandparents _____

19. his dogs _____

20. your (*form.*) questions _____

11 DEMONSTRATIVES

Adjectives

singular	plural
questa casa *this house* questo libro *this book*	queste case *these houses* questi libri *these books*
quella penna *that pen* quel ragazzo *that boy*	quelle penne *those pens* quei ragazzi *those boys*
quell'amico *that friend* quell'amica *that friend* quello studente *that student*	quegli amici *those friends* quelle amiche *those friends* quegli studenti *those students*

- Use **questa, questo, queste, questi** when the items are near the speaker.
  questi ospedali   queste bambine
- Use **quella, quelle, quel, quei** with most nouns when the items are away from the speaker.
  quella montagna   quelle scarpe
- Use **quell', quell', quegli, quelle** with nouns beginning with vowels.
  quell'italiana   quegli americani
- Use **quello, quegli** with **masculine** nouns beginning "z" or "s" + a consonant.
  quello stadio   quegli spaghetti

A. Change from singular to plural. As you do the exercise, review the meaning for yourself.

1. questa mensa _____
2. questo ragazzo _____
3. quella signora _____
4. quel bambino _____
5. quello zoo _____
6. quell'americana _____
7. quell'ospedale _____
8. quella situazione _____
9. quell'orologio _____
10. quella valigia _____

B. Fill the appropriate form of **quel, quello, quella, quell', quei, quelle, quegli.**

1. _____ amico 2. _____ zaino
3. _____ casa   4. _____ letto
5. _____ esame 6. _____ lingue
7. _____ mariti 8. _____ piscina
9. _____ idea 10. _____ corso
11. _____ materia 12. _____ soldi

Demonstrative Pronouns

singular	plural
questa *this one* questo *this one*	queste *these* questi *these*
quella *that one* quello *that one*	quelle *those* quelli *those*

- Demonstrative pronouns do not have a noun after them.
  Questa casa e **quella**...*This house and **that one**...*
  Quell'amico e **questo**... *That friend and **this one**...*

C. Quiz. Translate.

1. that dress _____

2. those boys _____

3. this car and that one _____

4. those students and these _____

5. that situation _____

6. these stories _____

7. that house _____

8. those letters and this one _____

9. these watches _____

10. this shirt _____

11. those exams _____

12. that backpack _____

13. this jacket and those _____

14. those guitars and these _____

15. this library and that one _____

16. this Italian man and those _____

17. that Englishwoman and these _____

18. these students and those _____

19. this dog and that cat _____

20. this professor (*fem.*) and that one _____

Demonstratives

Demonstratives

12 PRESENT TENSE OF -ERE & -IRE VERBS

Study the verb forms for the *-ere* and *-ire* verbs. When you think you know them very well, do the exercises.

VEDERE *(to see)*		OFFRIRE *(to offer)*	
singular	plural	singular	plural
io ved**o**	noi ved**iamo**	io offr**o**	noi offr**iamo**
tu ved**i**	voi ved**ete**	tu offr**i**	voi offr**ite**
Lei ved**e**	voi ved**ete**	Lei offr**e**	voi offr**ite**
lui ved**e**	loro ved**ono**	lui offr**e**	loro offr**ono**
lei ved**e**	loro ved**ono**	lei offr**e**	loro offr**ono**

Some verbs in *–ire* add **-isc** to the endings in all forms except **noi** and **voi**:

CAPIRE	*(to understand)*
singular	plural
io cap**isco**	noi cap**iamo**
tu cap**isci**	voi cap**ite**
Lei cap**isce**	voi cap**ite**
lui cap**isce**	loro cap**iscono**
lei cap**isce**	loro cap**iscono**

Some very common verbs following this pattern include **finire, preferire, pulire,** etc.

A. Write the correct form of the subject pronoun.
>   **Example:** __io__ leggo.

1. _____ vendo 2. _____ vivi 3. _____, _____,

_____ scrive* 4. _____ finiamo 5. _____ corrono

---

* Add three subjects pronouns when three blank spaces are provided.

Present Tense of -Ere *and* -Ire *Verbs*

6. _____ capisco 7. _____ partiamo
8. _____ ricevi 9. _____, _____, _____ pulisce
10. _____ insistiamo

B. Complete the verbs with the appropriate ending.
Example: Io dorm**o**

1. io apr____ 2. voi prend _____ 3. noi cap_____
4. loro ricev_____ 5. tu rispond_____ 6. lui legg_____
7. loro vend_____ 8. noi apr_____ 9. voi pul_____
10. io offr_____

C. Give the correct form of the verb. (Remember to take out -**ere** or -**ire** and add the appropriate ending).
Example: noi-vedere— ved—ved**iamo**

1. io- vendere _____ 2. lui- aprire _____
3. loro- crescere _____ 4. tu- sentire _____
5. voi- preferire _____ 6. lei- dormire _____
7. noi- ricevere _____ 8. Lei- insistere _____
9. io- credere _____ 10. lui- vivere _____
11. loro- perdere _____ 12. noi- pulire _____
13. voi- leggere _____ 14. tu- mettere _____
15. noi- chiudere _____ 16. Lei- rispondere _____

D. Quiz. Give the correct form of the verb

1. io- partire _____ 2. lui- scrivere _____
3. loro- dipingere _____ 4. tu- perdere _____
5. voi- offrire_____ 6. lei- seguire _____
7. noi- servire _____ 8. Lei- insistere _____

E. Quiz. Translate.

1. The teacher eats a lot.

_____

2. The students are opening the book.

_____

Present Tense of -Ere and -Ire Verbs

3. Frank and I are reading.

_____

4. Are you (*fam.*) writing?

_____

5. I prefer to pay in euros.

_____

6. Children receive lots of gifts.

_____

7. We don't understand German.

_____

8. They are writing in Italian.

_____

9. You (*pl.*) don't sell your Spanish books.

_____

10. Gina lives in Santa Barbara.

_____

11. My daughter believes in Santa Claus (*Babbo Natale*).

_____

12. I am closing the door.

_____

13. Does the president understand my problems?

_____

14. Some students insist on speaking English in the French class.

_____

15. He does not sleep in the language lab.

_____

Present Tense of -Ere *and* -Ire *Verbs*

Present Tense of -Ere and -Ire Verbs

13 PRESENT TENSE OF *DOVERE, POTERE, VOLERE, DIRE, USCIRE,* and, *VENIRE*

Study the following verbs. Pay special attention to the irregularities. After you study the verbs, do the exercises.

dovere (to have to, must)	potere (to be able, may, can)	volere (to want)
io devo	io posso	io voglio
tu devi	tu puoi	tu vuoi
Lei, lui, lei deve	Lei, lui, lei può	Lei, lui, lei vuole
noi dobbiamo	noi possiamo	noi vogliamo
voi dovete	voi potete	voi volete
loro devono	loro possono	loro vogliono

A. Write the correct form of the subject pronoun and then translate.

     example: <u>io</u> voglio <u>I want</u>

1. _____ devo _____
2. _____ puoi _____
3. _____ vuole* _____

     _____

     _____

4. _____ dobbiamo _____
5. _____ posso _____
6. _____ vuoi _____
7. _____ deve _____

     _____

     _____

---

* Fill in three subject prnouns when three blanks are provided.

Present tense of Dovere, Potere, Volere, Dire, Uscire, and Venire

8. _____ viene_____

_____

_____

9. _____ possiamo _____

10. _____ volete _____

- **potere** and **dovere** are followed by an infinitive:
    Possiamo usc**ire** domani. *We can go out tomorrow.*
    Tu devi lavor**are** oggi? *Do you have to work today?*
- **volere** may be followed by an infinitive or a noun:
    Volete visitare la Spagna? *Do you want to visit Spain?*
    Vogliono* un dizionario bilingue. *They want a bilingual dictionary.*

B. Review. Conjugate the verb.

1. potere-tu _____
2. volere-Maria ed io_____
3. dovere-io _____
4. volere-loro _____
5. potere-Luisa _____
6. dovere-noi_____
7. potere-voi_____
8. volere-tu _____
9. dovere-lui_____
10. potere-i ragazzi _____

C. Review. Translate.

1 I don't want to read now.

_____

2. We can write the letters in French.

_____

---

* **Voglio** can sound very strong and may suggest "I demand." Use **vorrei** (*I would like*) if what you want may involve someone else doing something for you. In a restaurant, for example, do not say **voglio** but rather **vorrei,** which is very polite.

Present tense of Dovere, Potere, Volere, Dire, Uscire, and Venire

3. Students must answer in Italian.

_____

4. The president does not want to lose the election (*l'elezione*).

_____

5. My father and I can play the piano.

_____

6. The doctor cannot come to your (*form.*) house.

_____

7. Gina wants to sing in English.

_____

8. Can you (*fam.*) eat the entire (*intera*) pizza?

_____

9. She has to go to work.

_____

10. Do you (*plur.*) want the new shoes?

_____

****

Study the following verbs. Pay special attention to the irregularities. After you study the verbs, do the exercises.

dire (to say, tell)	**uscire** (to go out, leave, exit)	**venire** (to come)
io dico	io esco	io vengo
tu dici	tu esci	tu vieni
Lei, lui, lei dice	Lei, Lui, lei esce	Lei, lui, lei viene
noi diciamo	noi usciamo	noi veniamo
voi dite	voi uscite	voi venite
loro dicono	loro escono	loro vengono

D. Write the correct form of the subject pronoun and then translate.
   Example: io dico <u>I say, tell</u>

1. _____ esco _____

2. _____ vengono _____

Present tense of Dovere, Potere, Volere, Dire, Uscire, *and* Venire

7. dire-voi_____

8. venire-Lei _____

9. uscire-lui_____

10. dire-gli amici _____

F. Quiz. Translate.

1. They go out of the station.

_____

2. She tells the truth.

_____

3. We are coming to school later *(più tardi)*.

_____

4. He leaves home early.

_____

5. How do you say "rabbit" in Italian?

_____

6. Do you *(fam.)* come to school on Saturday?

_____

7. Politicians *(I politici)* sometimes tell lies *(bugie)*.

_____

8. Isabella goes out with Giuseppe.

_____

9. We say "good morning" when we enter the classroom.

_____

Present tense of Dovere, Potere, Volere, Dire, Uscire, *and* Venire

10. The French professor (*masc.*) does not come late to the university.

_____

14 DIRECT OBJECT PRONOUNS

Pronouns (lit. "in the place of the nouns") are small words we use to replace nouns we have already mentioned. The idea is to avoid sounding too repetitive. Look at the following sentences:

I eat pasta. I eat pasta once a week. I like to eat pasta.

The second and third mention of "pasta" can be replaced with the direct object pronoun "it" and make the sentences less repetitive.

Direct Object Pronouns: Definition

The direct object noun or noun phrase answer the question *what?* or *whom?*.

1. I eat *pasta. What* do you eat?
2. I see the *teacher. Whom* do you see?
3. I see *the elegant man wearing a white hat, yellow shirt, green pants, and purple shoes. Whom* do you see?

It is possible to replace *"pasta"* with the pronoun *"it"; "teacher"* with *"him"* or *"her";* and *"the elegant man wearing a white hat, yellow shirt, green pants, and purple shoes"* with *"him."*

A. Replace the direct objects with pronouns (it, them, him, her, them, me, you, us).

Example: I see <u>Luisa</u>. I see <u>her</u>.

1. You speak <u>German</u>.

_____

2. We buy French <u>perfumes</u>.

_____

3. Your instructor gives <u>easy exams</u>.

_____

4. Louis calls <u>the competent doctors who speak Portuguese</u>.

_____

5. She takes <u>her brother</u> to school.

_____

6. I don't bother <u>my classmates</u>.

_____

Direct Object Pronouns In Italian

mi-me
ti-you (*fam.*)
ci-us
vi-you (*pl.*)
lo-it, him
li-them (objects and people)
La-you (*form. masc. & fem.*)
la-it, her
le-them (objects and people)

Position of Pronouns

Direct object pronouns (*pronomi ogetto diretto*) are placed **before** the verb:

- *Io mangio <u>la pasta</u>. Io **la** mangio.*
- *Voi comprate <u>le macchine</u>. Voi **le** comprate.*
- *Non **ti** vediamo. Loro **ci** guardano.*

TIPS: *1) **Make sure** you know the meaning of the pronouns very well!*
*2) **ti**, **vi**, and **La** mean "you" as the **object**; remember that if "you" is the* **subject**, *in Italian it's translated as **tu, Lei**, or **voi**.*
*3) **ci** does <u>not</u> mean **we**; **ci** means **us**.*

B. Replace the direct object nouns with the corresponding pronouns.

    Examples: Noi studiamo <u>la lezione</u>. Noi <u>la</u> studiamo.
                Voi cantate <u>le canzoni</u>. Voi <u>le</u> cantate.

   1. Loro comprano <u>la birra.</u>

_____

Direct Object Pronouns

2. Giorgio legge <u>i libri.</u>

_____

3. Tu vedi <u>il film.</u>

_____

4. Noi invitiamo <u>le studentesse straniere.</u>

_____

5. I ragazzi vogliono <u>le scarpe italiane.</u>

_____

6. Voi aspettate <u>i vostri amici.</u>

_____

7. Loro non vedono <u>i loro cugini.</u>

_____

8. Il dottore non aspetta <u>il paziente.</u>

_____

C. Circle the appropriate pronoun. The underlined words serve as a clue.

1. <u>La macchina</u> non costa molto. Perché non _lo / la_ compriamo?
2. <u>Le lasagne</u> sono deliziose. _Li / Le_ mangiamo?
3. <u>Luisa</u> è molto gentile. Io _lo / la_ invito alla mia festa.
4. Ecco il <u>nostro</u> numero di telefono. _Li / Ci_ chiamate _(call)_ domani?
5. <u>Tu</u> sei un buon amico. Io _ti / li_ aspetto tutte le mattine.
6. <u>Loro</u> sono lontani _(far away)_. Noi non _ci / li_ vediamo.

D. Fill in the appropriate pronoun. The underlined words serve as a clue.

1. I turisti comprano <u>il vino,</u> ma Franco non _____ beve.
2. <u>Sono molto comico.</u> Per questo _(that's why)_ i miei amici _____ invitano a molte feste.
3. <u>Signora Jones,</u> abbiamo il Suo numero di telefono. Noi _____ chiamiamo il sabato.

Direct Object Pronouns

4. <u>Isabella</u> è molto popolare. Tutti i suoi amici _____ vedono spesso.

5. Voi mangiate <u>le fettuccine</u> a casa, ma io _____ mangio nel mio
   ristorante favorito.

6. Noi lavoriamo insieme. <u>Io</u> non ho macchina e per questo loro _____

   portano *(take)* in ufficio ogni giorno.

Answering Questions Using Direct Object Pronouns

In exercise "A, B, C, and D" verbs did not change. In the next exercises you
will be doing something which is more typical in a conversation—answering
questions using pronouns. Now the verb will change to agree with the
subject of the answer.

> **Examples:** *Lei compra i vestiti ? Sì, (io) li compro.*
>
> Do you buy <u>the clothes</u>? Yes, I buy them.
>
> *Lei invita <u>le mie cugine?</u> Sì, (io) le invito.*
>
> Do you invite <u>my cousins</u>? Yes, I invite them.

As you have already learned, it is not necessary to use subject pronouns in
Italian since the verb endings already express them. However, you may wish
to do so since it will help remind you to use the correct verb ending.

Negation: In negative sentences the word "non" is placed before the direct
object pronouns:

> *Noi non **lo** vediamo.*
> *Loro non **le** guardano.*
> *Tu non **mi** chiami.*

E. Answer the questions using direct object pronouns (*lo* -it, him; *la* -it, her;
li -them, *le*-them).

> **Example:** *Lei guarda <u>il film</u>? Sì, io <u>lo</u> guardo.*

1. Lei invita <u>la professoressa?</u>

_____

2. Lei chiama <u>i signori</u>?

_____

3. Tu vedi <u>i miei fratelli?</u>

_____

4. Lei compra <u>le fettuccine che io raccomando?</u>

_____

F. Answer the questions using direct object pronouns (_La_-you form. masc. **and** fem.).

Example: _Lei mi invita? Sì, io La invito._

1. Lei <u>mi</u> chiama? _____
2. <u>Mi</u> aspetta Lei? _____
3. Lei <u>mi</u> guarda? _____
4. <u>Mi</u> cerca Lei? _____

G. Answer the questions using direct object pronoun (_ti_ -you fam.).

Example: _Tu mi inviti? Sì, io ti invito._

1. Tu <u>mi</u> aspetti? _____
2. <u>Mi</u> vedi tu? _____
3. <u>Mi</u> chiami? _____
4. Tu <u>mi</u> ascolti? _____

H. Answer the questions using direct object pronouns (_vi_ -you pl.).

Example: _Lei ci aspetta? Sì, io vi aspetto._

1. Lei <u>ci</u> cerca? _____
2. Lei <u>ci</u> ascolta? _____
3. Lei <u>ci</u> vede? _____
4. Lei <u>ci</u> guarda? _____

Position with Infinitives

• Direct object pronouns are attached to the infinitive of the verb:
  È importante legger**lo**. È necessario comprar**le**.

Direct Object Pronouns

- Note that the "e" of the infinitive is dropped.
- If the infinitive is preceded by a form of **dovere, volere,** or **potere** the pronoun may be placed before the conjugated verb or attached to the infinitive:

> Io voglio comprar**la OR** Io **la** voglio comprare.
>
> Luisa può chiamar**ci OR** Luisa **ci** può chiamare.
>
> Loro possono invitar**ti OR** Loro **ti** possono invitare.

I. Quiz. Answer the questions using direct object pronouns (**mi, ti, ci, vi, lo, la, La, li, le**).

1. Lei compra <u>la casa cara</u>? _____

2. Guardi <u>le belle ragazze?</u> _____

3. Voi studiate <u>i pronomi facili?</u> _____

4. <u>Mi</u> aspetti tu? _____

5. Gli amici <u>ti</u> chiamano domani?_____

6. Vedi <u>Gino</u>? _____

7. Gli studenti aspettano <u>la professsoressa?</u> _____

8. Voi invitate <u>le signore ricche?</u> _____

9. Lei <u>mi</u> ascolta? _____

10. I ragazzi leggono <u>gli articoli che spiega il professore?</u>

_____

11. Tu suoni <u>le canzoni sentimentali?</u> _____

12. I dottori <u>mi</u> cercano? _____

13. Vuoi invitare <u>i ragazzi</u>? (*two answers*)

_____

_____

14. Potete chiamar<u>mi</u> domani? (*two answers*)

_____

_____

15. Lei deve scrivere <u>la lettera</u> in francese? (*two answers*)

_____

_____

J. Quiz. Translate.

1. I make the coffee and they drink it.

_____

2. She doesn't see us and we don't see her either (*nemmeno*).

_____

3. He is looking at them.

_____

4. Are you (*fam.*) calling me? Yes, I am calling you (*fam*).

_____

5. The teacher? The students wait for her everyday.

_____

6. The pizza? We want to eat it now. (*two answers*)

_____

_____

7. He must listen to us. (*two answers*)

_____

_____

8. Do you buy (*form.*) a lot of gifts? Yes, I buy them.

_____

9. The new song? Angelo can play it on the piano. (*two answers*)

_____

_____

10. The Mexican newspaper? Students read it in the library.

_____

15 PREPOSIZIONI ARTICOLATE

There are two types of prepositions in Italian:

a) preposizioni semplici (simple prepositions):

a *at, to* **in** *in, to, into*	**da** *from* **su** *on, over, above* **per** *for*	**di** *of* **con** *with*

b) preposizioni articolate (articulated prepositions, i.e. the combination of **a, da, di, in, su** and the definite articles). These prepositions combine with the articles **il, i, la,** and **le** as shown below:

a+il= **al**	a+i= **ai**	a+la= **alla**	a+le= **alle**	*to the*
da+il= **dal**	da+i= **dai**	da+la= **dalla**	da+le= **dalle**	*from the*
di+il= **del**	di+i= **dei**	di+la= **della**	di+le= **delle**	*of the*
in+il= **nel**	in+i= **nei**	in+la= **nella**	in+le= **nelle**	*in the*
su+il= **sul**	su+i= **sui**	su+la= **sulla**	su+le= **sulle**	*on the*

I libri sono **sul** tavolo. Loro vengono **dalla** scuola.

Noi andiamo **al** parco. Queste sono le macchine **delle** signorine.

A. Circle the correct preposition.

1. *alla / alle*   ragazza
2. *del / dei*   frigoriferi
3. *sul / sulla*   casa
4. *nelle / nei*   cucine
5. *dai / dalle*   stanze
6. *ai / alle*   signorine
7. *dei / delle*   dottori
8. *dal / dalla*   stazione

9. *nel / nella*   mensa
10. *ai / alle*   dieci di mattina
11. *sui / sulle*   banchi
12. *nelle / nella*   situazioni
13. *dalle / dai*   presidenti
14. *al / alle*   caffè
15. *nei / nella*   supermercati

• **l', lo, gli** combine with **a, da, di, in, su** as you see below:

a+l'= **all'** (m.& f.)	a+lo= **allo**	a+gli= **agli**	*to the*
da+l'= **dall'** (m. & f.)	da+lo= **dallo**	da+gli= **dagli**	*from the*
di+l'= **dell'** (m. & f.)	di+lo= **dello**	di+gli= **degli**	*of the*
in+l'= **nell'** (m. & f.)	in+lo= **nello**	in+gli= **negli**	*in the*
su+l'= **sull'** (m. & f.)	su+lo= **sullo**	su+gli= **sugli**	*on the*

B. Circle the correct preposition.

1. *all' / alle*   amica
2. *dell' / degli*   occhi
3. *sull' / sugli*   aeroporti
4. *nelle / negli*   zaini
5. *dai / dalle*   stanze
6. *dell' / dello*   australiano
7. *delle / degli*   stranieri
8. *dallo / dalla*   stadio
9. *nell' / negli*   albergo
10. *agli /ai*   americani
11. *sul / sullo*   stereo
12. *negli / nello*   spaghetti
13. *dai / dagli*   spagnoli
14. *agli / ai*   studenti
15. *dei / degli*   italiani

C. Quiz. Translate the prepositions.

1. (*to the*) _____ segretarie 2. (of the) _____ libri
3. (*in the*) _____ laboratori 4. (*from the*) _____ amiche
5. (*in the*) _____ notte 6. (*from the*) _____ aereo
7. (*of the*) _____ zio 8. (*on the*) _____ muri
9. (*from the*) _____ idea 10. (*to the*) _____ signora
11. (*in the*) _____ alberghi 12. (*to the*) _____ stadi
13. (*from the*) _____ studentesse
14. (*to the*) ____ pianista (*masc.*) 15. (*to the*) ____ clienti
16. (*on the*) ____ banchi

TIPS

1. Preposizioni articolate *use the definite articles and of course it's a good idea to review them.*

2. The preposition **con** *does not combine with definite articles in modern Italian. However, it can. Thus con+il=* **col; coi, colle, cogli, coll'** *etc. would be the other forms.*

3. Prepositions are difficult to learn because they don't conform to rules. Try to remember the prepositions as part of a phrase or a verb.

Preposizioni Articolate

16 *PASSATO PROSSIMO*
With AVERE

The *passato prossimo* is a past tense. It's formed with the present tense of *avere* and the past participle of the verb *(il participio passato)*. The past participle for verbs in *-are* ends in *-ato:* parlare→parl**ato**, mangiare→mangi**ato**, etc.

> ### *Passato prossimo*
>
> io **ho cantato**
>
> tu **hai cantato**
>
> Lei **ha cantato**
>
> lui, lei **ha cantato**
>
> noi **abbiamo cantato**
>
> voi **avete cantato**
>
> loro **hanno cantato**

• The *passato prossimo* may translate as a present perfect or as a simple past:

> *Io ho mangiato.* I have eaten. I ate.

The context clarifying the difference:

> 1) *Ieri io ho mangiato in un ristorante.* Yesterday I ate in a restaurant.
> 2) *Questa settimana io ho mangiato in un ristorante tre volte.*
> This week I have eaten in a restaurant three times.

In example # 1, the time phrase (yesterday) is totally gone and there are no more opportunities. In example # 2, the week is not over and I may repeat the action of eating in a restaurant.

• The past participle does not change.

A. Write the *passato prossimo.*

1. Io <u>ho lavorato</u> molto questo mese.

   Tu _____

   Lei _____

   Noi _____

   Loro _____

2. Voi non <u>avete studiato</u> tedesco il semestre scorso.

   Io non _____

   Lei non _____

   Maria ed io non _____

   Tu non _____

3. Noi <u>abbiamo guardato</u> un programma interessante ieri sera.

   Io _____

   Tu _____

   Lei _____

4. Loro <u>hanno viaggiato</u> in Italia il mese scorso.

   Lei _____

   Tu _____

   Noi _____

5. Luisa non <u>ha suonato</u> il pianoforte questa settimana.

   Loro non _____

   Tu non _____

   Lui non _____

Past participles of *-ere* and *-ire*

-ere➔uto	-ire➔ito
ricevere-ricev**uto**	capire-cap**ito**

B. Write the *passato prossimo.*

1. Io <u>ho avuto</u> una buona giornata.

   Lei _____

   Noi _____

   Loro _____

   Tu _____

Passato Prossimo *with* Avere

2. Voi non <u>avete dormito</u> bene.

Io non _____

Lei non _____

Maria ed io non _____

Tu non _____

3. Noi <u>abbiamo veduto</u> tre film questo mese.

Io _____

Tu _____

Lei _____

4. Loro <u>hanno capito</u> la conversazione.

Lei _____

Tu _____

Noi _____

5. Maria non <u>ha pulito</u> la casa questa settimana.

Loro non _____

Tu non _____

Lui non _____

C. Write the *passato prossimo.* Be sure to use both the helping verb and the past participle.

    Example: cantare-io   <u>ho cantato</u>

1. parlare-Franco _____

2. viaggiare-noi _____

3. frequentare-loro _____

4. dormire-io _____

5. ordinare-loro _____

6. capire-la segretaria ed io _____

7. avere-tu _____

8. fumare-Maria e Lei _____

9. cucinare-lei _____

10. ricevere-i dottori e tu _____

Passato Prossimo *with* Avere

Irregular Past Participles

chiedere-chiesto *(asked)*	chiudere-chiuso *(closed)*
correre-corso *(run)*	decidere-deciso *(decided)*
dipingere-dipinto *(painted)*	leggere-letto *(read)*
perdere-perso *(lost)**	prendere-preso *(taken)*
rispondere-risposto *(answered)*	scrivere-scritto *(written)*
vedere-visto** *(seen)*	aprire-aperto *(opened)*
offrire-offerto *(offered)*	dire-detto *(said)*
bere-bevuto *(drunk)*	fare-fatto *(made, done)*

D. Write the *passato prossimo*.

1. Io <u>ho aperto</u> la porta.
   Loro _____

2. Noi <u>abbiamo risposto</u> in italiano.
   Tu _____

3. Lei <u>ha offerto</u> un caffè.
   Voi _____

4. Noi <u>abbiamo scritto</u> la lettera.
   Isabella _____

5. Il dottore <u>ha detto</u> la verità.
   I miei amici _____

6. Loro <u>hanno corso</u> tre kilometri.
   Tu _____

7. Noi <u>abbiamo deciso</u> di andare in Italia a giugno.
   Mia madre _____

8. Nostro padre <u>ha perso</u> le chiavi *(keys)*.
   Dina _____

9. Tu <u>hai letto</u> tutto il libro?
   Loro _____

10. <u>Hanno visto</u> il film.
    Noi _____

11. Lei <u>ha messo</u> zucchero nel tè?
    Tu _____

---

* "perduto" is another acceptable form for "perso" although it's less widely used.

** "veduto" is another form for "visto" although it's less widely used.

Passato Prossimo *with* Avere

12. <u>Hanno chiuso</u> la porta.
    Tu _____

13. Che cosa <u>hai fatto</u> tu?
    _____ loro?

14. Voi <u>avete bevuto</u> acqua.
    Noi _____

E. Quiz. Write the correct form of the *passato prossimo*.
Examples: viaggiare-Lei <u>ha viaggiato</u>   Noi <u>abbiamo viaggiato</u>

1. guardare	io	tu
2. cantare	lui	noi
3. vedere	Lei	loro
4. aprire	loro	tu
5. fare	lui	voi
6. scrivere	noi	lei
7. servire	loro	tu
8. suonare	io	Antonia
9. dire	tu	voi
10. capire	noi	lei

The following are the most common time phrases that are used with the *passato prossimo*:

ieri	yesterday
ieri sera, ieri notte	last evening, last night
avantieri, l'altro ieri	the day before yesterday
la settimana scorsa (passata)	last week
il mese scorso (passato)	last month
il semestre scorso	last semester
l'anno scorso	last year
due mesi fa[*]	two months ago
tre settimane fa	three weeks ago
cinque minuti fa	five minutes ago

---

[*] **Fa** is used to mean *ago* if the time unit is more than one. If it's just one **scorso** or **passato** (*last*) are used: **l'anno scorso** (*last year*); **due anni fa** (*two years ago*). **Scorso-a** and **passato-a** are interchangeable.

Passato Prossimo *with* Avere

F. Quiz. Translate.

1. Have you (*fam.*) visited Japan?

_____

2. They read their lesson twenty minutes ago.

_____

3. We took the train the day before yesterday.

_____

4. He has bought a new car already *(già)*.

_____

5. She has already *(già)* done many favors.

_____

6. They asked for money yesterday.

_____

7. We have not opened our gifts.

_____

8. The tourists wrote some post cards *(cartoline)* last week.

_____

9. Last month I ate in restaurants several times.

_____

10. She has not spoken French this week.

_____

Passato Prossimo *with* Avere

17 *PASSATO PROSSIMO With ESSERE*

As you saw in the previous chapter, most verbs use *avere* as the helping verb for the *passato prossimo*. Some verbs, however, use *essere*.

> io **sono andato-a**
>
> tu **sei andato-a**
>
> Lei **è andato-a**
>
> lui **è andato**
>
> lei **è andata**
>
> noi **siamo andati-e**
>
> voi **siete andati-e**
>
> loro **sono andati-e**

As you can see, the past participle agrees with the subject. The plural feminine ending in **-e** is used only when the group is made completely of a feminine subject:

Mario e Lucia sono andati a scuola. (*masculine & feminine*)
Mario and Lucia went to school.

Franca e Gina sono andate a scuola. (*completely feminine*)
Franca and Gina went to school.

Passato Prossimo with Essere

Here is a list of the most common verbs using *essere* as the helping verb.*

andare-andato *(gone)*	arrivare-arrivato *(arrived)*
diventare-diventato *(become)*	entrare-entrato *(entered)*
essere-stato *(been)*	morire-morto** *(died)*
nascere-nato *(born)*	partire-partito *(left, departed)*
rimanere-rimasto *(stayed, remained)*	stare-stato *(been)*
uscire-uscito *(left, gone out)*	venire-venuto *(come)*

A. Complete the past partciple with the appropriate ending. As you do the exercise, review the meaning for yourself.

Example: Maria è andat**a**. *Maria went. Maria has gone.*

1. Gino è venut_____ 2. Loro *(masc.)* sono arrivat_____

3. Noi *(fem.)* siamo uscit_____ 4. Io *(masc.)* sono stat_____

5. Tu *(fem.)* sei ritornat_____ 6. Lui è diventat_____

7. Loro *(fem.)* sono rimast _____

8. Noi *(masc. & fem.)* siamo nat_____

B. Write the past participle. As you do the exercise, review the meaning for yourself.

Example: Noi *(fem.)* siamo (andare) <u>siamo andate</u>

1. Io *(fem.)* sono (partire) _____

2. Lui è (essere) _____

---

* Verbs using *essere* in general indicate "motion," i.e. coming, going, arriving, etc. This is a general and useful tip. However, a more precise explanation is that *essere* is used with intransitive verbs. Intransitive verbs are those that do not take a direct object.

** **Morire** is used primarily in the third person singular (**è morto-a**) or plural (**sono morti-e**). It may be used in a figurative sense with other subjects, i.e. "I died when I saw the length of the math test."

3. Loro *(masc. & fem.)* sono (uscire) _____

4. Tu *(masc.)* sei (entrare) _____

5. Voi *(fem.)* siete (venire) _____

6. Mia nonna è (morire) _____

7. Noi *(masc. & fem.)* siamo (arrivare) _____

8. Le signorine sono (diventare) _____

C. Quiz. Write the *passato prossimo*. As you do the exercise, review the meaning for yourself.

Example: Noi *(fem.)* (andare) <u>siamo andate</u>

1. Io *(masc.)* (essere) _____
2. Loro *(fem.)* (nascere) _____
3. Lui (partire) _____
4. Pina (diventare) _____
5. I ragazzi (uscire) _____
6. Tu *(fem.)* (entrare) _____
7. Voi *(masc. & fem.)* (rimanere) _____
8. Le donne (stare) _____
9. Noi *(fem.)* (venire) _____
10. I miei nonni (morire) _____

D. Complete the sentences with the appropriate helping verb (*essere* or *avere*). Be sure to review the *passato prossimo* with *avere* (previous chapter) before doing this exercise. As you do the exercise, review the meaning for yourself.

Examples: Noi <u>siamo</u> andate

Io <u>ho</u> cantato

1. Noi _____ arrivati
2. Laura _____ detto
3. Voi _____ ballato
4. Marco e Mimma _____ scritto
5. Io _____ dormito

6. I bambini _____ nati

7. Loro _____ ricevuto

8. Io _____ uscita

9. Noi _____ visto

10. Franco _____ rimasto

11. Loro _____ fatto

12. Loro _____ state

E. Quiz. Translate. Be sure to review the *passato prossimo* with *avere* (previous chapter) before doing this exercise.

1. I studied French last year.

_____

2. We stayed home last night.

_____

3. They saw a Spanish film last month.

_____

4. Gina has been in Florence this semester.

_____

5. The students read a long novel *(romanzo)* last month.

_____

6. We did our homework in the library.

_____

7. Have you *(pl.)* written a letter to the president?

_____

8. I understood everything in class today.

_____

9. My father left for Russia three months ago.

_____

10. Did you (*form.*) watch television last night?

_____

11. Our grandparents died six years ago.

_____

12. We did not drink wine at the party.

_____

13. Their Italian professor had a bad day (*giornata*) yesterday.

_____

14. Her son was born in 1998.

_____

15. I lost my book last week.

_____

16. Did you (*fam.*) receive my e-mail?

_____

17. Their daughter became an architect.

_____

18. I closed the door and then left home.

_____

19. They haven't told me everything.

_____

20. He has not spoken to his mom today.

_____

18 SAPERE and CONOSCERE

sapere-to know	conoscere-to know
io **so**	io **conosco**
tu **sai**	tu **conosci**
Lei **sa**	Lei **conosce**
lui, lei **sa**	lui, lei **conosce**
noi **sappiamo**	noi **conosciamo**
voi **sapete**	voi **conoscete**
loro **sanno**	loro **conoscono**

Sapere and **conoscere** mean *to know* in English. However, each verb is used in different situations.

* **Conoscere** means to be acquainted in general terms with something (a city, a country, a restaurant, etc.) or someone.

    Conosco Sofia. I know Sofia. (I am acquainted with Sofia).
    Conosciamo Santa Barbara. We know Santa Barbara (in general terms).

* **Conoscere** can also mean *to meet* someone for the first time.

    Stasera conosciamo la nuova professoressa.
    We are meeting the new professor tonight.

* **Sapere**, on the other hand, means to have specific knowledge about something or someone.

    Non so il numero di telefono di Fabio.
    I don't know Fabio's phone number (i.e., a detail).

* **Sapere** also means *to know how to* do something.

    Lei sa cantare. She knows how* to sing.

---

* The word **how** in this construction is not translated in Italian.

Sapere and *Conoscere*

• In the *passato prossimo* **sapere** means "to find out" and **conoscere** means "to make somebody's acquaintance."

Hanno saputo la verità. *They found out the truth.*

Ho conosciuto mio marito in una festa. *I met my husband at a party.*

TIPS: *1) make sure you know the conjugation of* **sapere** *and* **conoscere**.

2) **conoscere** *must be followed by a noun.*

3) **sapere** *can be followed by a noun, an infinitive, or an entire clause preceded by* **che**.

A. Circle **sapere** or **conoscere**.

1. *Sappiamo / Conosciamo* parlare francese.
2. *Conoscono / Sanno* molti studenti intelligenti.
3. La professoressa *sa / conosce* scrivere poesie romantiche.
4. Alla festa puoi *sapere / conoscere* mio fratello Francesco.
5. Andrea Bocelli *sa / conosce* cantare molto bene.
6. Vuoi *conoscere / sapere* il numero di telefono della ragazza bionda?
7. Non *conosciamo / sappiamo* il nuovo ristorante cinese.
8. *Conosco / so* preparare gli spaghetti alla carbonara.
9. *Sai / conosci* giocare al calcio?
10. *Sanno / conoscono* che questo esercizio è facile.

B. Review. Fill in the correct form of **sapere** or **conoscere**.

1. Fausto è molto popolare. Lui _____ tutti gli studenti. Lui non _____ ballare molto bene, ma tutte le ragazze vogliono ballare con lui.
2. Rodolfo _____ rispondere in molte lingue, ma non _____ cantare in italiano.
3. In una classe piccola noi _____ tutti gli studenti, ma non _____ i loro numeri di telefono.

Sapere and *Conoscere*

4. I bambini non _____ parlare molto chiaramente.

5. Voi _____ che il professore è basso, grasso e simpatico.

6. Io _____ il lago, ma non _____ nuotare.

7. Loro _____ che San Francisco è una bella città.

8. Voi non _____ Harmony? È una piccolissima città nella costa centrale della California.

C. Quiz. Translate.

1. I know Giacomo, but I don't know where he lives.

_____

2. She wants to meet my English friends.

_____

3. We know how to make excellent lasagne.

_____

4. Do you *(formal)* know a lot of restaurants in California?

_____

5. They know Spain, but they don't know how to speak Spanish.

_____

6. Beatrice knows Giovanni, but does not know where he studies Italian.

_____

7. The secretary knows how to type *(scrivere a macchina)* rapidly.

_____

8. The students know their teacher, but they do not know her telephone number.

_____

_____

9. Some doctors do not know their patients *(pazienti)* very well.

_____

10. We know that the president is in Washington now.

_____

Sapere and *Conoscere*

11. Where did you *(fam.)* meet your boyfriend *(ragazzo)?*

_____

12. They found out that their Italian professor is from Siena.

_____

19 INDIRECT OBJECT PRONOUNS

The indirect object noun or noun phrase answers the question *to whom?* or *for whom?** something is done, although the word "to" is often not expressed in English.

1. *To whom* do you speak?

(Or, in less formal English: *Who* do you speak *to?*)

I speak <u>to the teacher</u>.

2. *To whom* do you write letters?

(Or, *Who* do you write letters *to?*)

We write letters <u>to our friends.</u>

3. *To whom* do they send money?

(Or, *Who* do they send money *to?*)

They send <u>us</u> money.

4. *For whom* does he open the door?

(Or, *Who* does he open the door *for?*)

He opens the door <u>for the boys</u>.

A. Underline the words expressing the indirect object. If you have trouble, think of a question starting with *to whom* or *for whom* that the sentence could answer.

Example: We served the cake <u>to our guests</u>.

(Think): <u>to whom</u> did you serve the cake?

(Answer): <u>to</u> our guests.

1. The college gives scholarships to the poor students.
2. I am going to buy my husband a new cookbook.
3. He is doing the secretary a big favor.
4. She opened the door for the man with the baby carriage.
5. I teach students easy and difficult grammar points.
6. You recommended a good restaurant to me.

---

* Remember that direct objects answer the question *what* or *whom* and can refer to objects as well as people.

7. The doctor sent us a huge bill.
8. He loaned her twenty dollars.
9. We sold them our Italian car.
10. She wrote you a long letter.

Indirect Object Pronouns In Italian

mi-to/for me
ti-to/for you *(fam.)*
ci-to/for us
vi- to/for you *(pl., form. & fam.)*
gli-to/for him, to/for them*
le- to/for her
Le-to/for you *(sing. form.* masc. & fem.)

The most common verbs using indirect object proouns are:

chiedere *to ask*   consigliare *to advise, recommend*
dare *to give*   dire *to say, tell*
prestare *to lend*   insegnare *to teach*
mandare *to send*   mostrare *to show*
offrire *to offer*   portare *to bring*
preparare *to prepare*   regalare *to give as a gift*
ridare *to return, give back*   riportare *to bring back*
fare *to do, make*   spiegare *to explain*
rispondere *to answer*   scrivere *to write*
telefonare *to telephone*   chiarire *(isc**) to clarify*

Many of these verbs mean to do *something* **for someone**. The *something* would be the direct object. The **someone** would be the indirect object, i. e., the person receiving the benefit or in some cases the damage.

---

* **Loro** is another way to say *to/for them* and *to/for you* (pl. form.) it's used little in modern Italian.
** **Chiarire** conjugates as **chiarisco, chiarisci, chiarisce, chiariamo, chiarite, chiariscono,** following the pattern of **finire.**

Indirect Object Pronouns

Examples In Italian With Indirect Object Pronouns

1. *Io ti parlo.* I speak <u>to you.</u>
2. *Loro mi scrivono lettere.* They write <u>me</u> letters.
3. *Laura ci manda fiori.* Laura sends <u>us</u> flowers.
4. *Noi le diamo i soldi.* We give <u>her</u> the money.
5. *Voi gli dite la verità.* You tell <u>him / them</u> the truth.

B. Fill in the spaces provided with the indirect object pronouns.

1. Lei _____ scrive lettere *(to me)*.
2. Loro non _____ vendono la macchina *(to us)*.
3. La professoressa _____ spiega la grammatica *(to you, fam.)*.
4. Noi _____ compriamo regali *(to you, form.)*.
5. Tu _____ dici la verità *(to them)*.
6. Francesca _____ dà i soldi *(to us)*.
7. Lui non _____ presta il suo dizionario *(to you, fam.)*.
8. Io non _____ mando fiori *(to you, pl.)*
9. Voi _____ aprite la porta *(to me)*.
10. Il presidente _____ fa il favore *(to you, form.)*.

C. Fill in the appropriate indirect object pronouns (the underlined word will serve as a clue to which pronoun you should add).

1. In classe <u>noi</u> dobbiamo rispondere perché la professoressa _____ fa domande.
2. Io _____ parlo al telefono perché <u>tu</u> non mi scrivi.
3. Loro _____ dicono i loro segreti perche <u>io</u> sono un buon amico.
4. <u>I tuoi amici</u> sono poveri. Per questo tu non _____ chiedi soldi.
5. Quando <u>Lei</u> entra in un ristorante piccolo, il cameriere _____ indica un tavolo libero e _____ porta il menu.
6. Quando mia moglie ed io torniamo a casa, <u>i nostri figli</u> _____ spiegano i loro problemi.
7. Quando <u>io</u> sono malato, mia figlia _____ prepara zuppa di pollo *(chicken soup)*.
8. <u>I suoi fratelli</u> sono a dieta. Per questo Lei _____ offre insalate.
9. <u>Noi</u> siamo allergici ai fiori. Per questo i nostri amici _____ mandano cioccolatini per il Giorno di San Valentino.

Indirect Object Pronouns

10. Quando <u>tu</u> vieni a casa mia, io _____ servo il tuo piatto preferito.

D. Answer the questions using the indirect object pronoun **"ti"** (to you).

      Example: *Tu <u>mi</u> rispondi? Sì, io ti rispondo.*

1. Tu <u>mi</u> scrivi?

_____

2. Tu <u>mi</u> parli?

_____

3. <u>Mi</u> spieghi la lezione?

_____

4. <u>Mi</u> dai i soldi?

_____

E. Answer the questions using the indirect object pronoun **"Le"** (to you, formal).

      Example: *Lei mi scrive in inglese? Sì, io Le scrivo in inglese.*

1. Lei <u>mi</u> manda le lettere?

_____

2. Lei <u>me</u> dice bugie *(lies)?*

_____

3. Lei <u>mi</u> presta la Sua macchina?

_____

4. <u>Mi</u> serve la cena Lei?

_____

F. Answer the questions using the indirect object pronouns **"gli or le"** (to him, to her, to them).

      Example: *Lei parla <u>ai Suoi amici?</u> Sì, io <u>gli</u> parlo.*

1. Lei telefona <u>a Sua madre?</u>

_____

2. Lei manda regali <u>alla Sua ragazza?</u>

_____

3. Lei fa favori <u>al Suo dottore?</u>

_____

Indirect Object Pronouns

4. Lei offre un caffè <u>ai Suoi colleghi</u>?

_____

5. Lei canta canzoni romantiche <u>alle professoresse?</u>

_____

G. Answer the questions using the indirect object pronoun **"vi"** (to you pl.).

    Example: _Lei <u>ci</u> scrive in italiano? Sì, io <u>vi</u> scrivo in italiano._

1. Lei <u>ci</u> domanda in francese?

_____

2. Lei <u>ci</u> serve la pasta?

_____

3. <u>Ci</u> dà Lei il biglietto?

_____

4. Lei <u>ci</u> mostra le Sue foto?

_____

H. Answer the questions using the indirect object pronoun **"mi"** (to me).

    Example: _Gli amici <u>ti</u> scrivono? Sì, loro <u>mi</u> scrivono._

1. I ragazzi <u>ti</u> domandano?

_____

2. La studentessa <u>ti</u> serve il caffè?

_____

3. I professori <u>ti</u> dicono la verità?

_____

4. Marcella <u>ti</u> spiega la situazione?

_____

Position of Pronouns

As you have already noticed, indirect object pronouns are placed **before** the verb:

- _Io **le** scrivo._
- _Voi **ci** telefonate._
- _Noi **ti** offriamo un caffè._

Indirect Object Pronouns

Position with Infinitives

- Indirect object pronouns are attached to the infinitive of the verb:

    È importante mandarle un regalo. Ho bisogno di farti una domanda.

- Note that the "e" of the infinitive is dropped.

- If the infinitive is preceded by a form of **dovere, volere,** or **potere** the pronoun may be placed before the conjugated verb or attached to the infinitive:

    Io voglio telefonargli **OR** *Io gli voglio telefonare.*

    Lucia può risponderci **OR** *Lucia ci può rispondere.*

    Loro possono scriverti **OR** *Loro ti possono scrivere.*

I. Quiz. Answer the questions using indirect object pronouns.

1. Tu <u>mi</u> scrivi in tedesco?

_____

2. <u>Mi</u> presta Lei una penna?

_____

3. Parli <u>ai dottori</u> in portoghese?

_____

4. Lei <u>ci</u> canta canzoni moderne?

_____

5. I camerieri <u>ti</u> servono il vino?

_____

6. La segretaria <u>mi</u> manda fiori?

_____

7. Tuo padre <u>ci</u> fa il favore?

_____

8. Vuoi dar<u>mi</u> il tuo numero di telefono? (*two answers*)

_____

_____

9. Potete comprar<u>ci</u> il regalo? (*two answers*)

_____

_____

10. Lei deve portar<u>mi</u> il menu? (*two answers*)

_____

_____

11. Carlotta spiega il problema <u>a suo papà?</u>

_____

12. Voi dite la verità <u>ai vostri ragazzi?</u>

_____

J. Quiz. Translate.

1. The students? They speak to me in English, but I always answer them
   in Spanish.

_____

2. Donald Trump? I am sending him an expensive gift.

_____

3. The teacher *(masc.)* prepares easy exams for us.

_____

4. The doctor? Can she explain the problem to me? *(two answers)*

_____

_____

5. The secretary? We are telling her the truth.

_____

6. The psychologist *(fem.)* does not want to give you *(form.)* her
   telephone number. *(two answers)*

_____

_____

7. My father is buying us a very good dictionary.

_____

8. The customers? The waiter serves them breakfast.

_____

9. Mary? She is teaching you *(pl.)* French.

_____

10. Your cousin Jack? I never lend him money.

_____

11. Monica and I can do the favor for you *(fam.)*. *(two answers)*

_____

_____

12. Do you *(form.)* prepare dinner for us?

_____

Indirect Object Pronouns

13. My sister is opening the window for you *(pl.)*.

_____

14. The boys always ask me difficult questions.

_____

15. Don Juan? Carmen does not want to give him her phone number.
    (*two anwers*)

_____

_____

TIPS: *mi, ti, ci, and vi, are exactly the same forms as the direct object pronouns. The only difference is that **mi** means <u>to me</u> in English instead of simply <u>me</u>, etc. In essence, whether in English you have **me, to me, or for me***, the Italian word is always **mi**.*

---

* "For me" preceded by the verb "essere" is not an indirect object pronoun, but rather a prepositional one. It translates in Italian with **"per me."** **Compare:** *Il regalo è per me. Tu **mi** prepari la cena.*

Indirect Object Pronouns

20 DIRECT VS. INDIRECT OBJECT PRONOUNS

Similarities

Direct and **indirect object pronouns** in Italian are alike in several ways:

1) They come before the conjugated verb or are attached to the end of the infinitive.

2) **Mi, ti, ci,** and **vi** are the same whether used as direct or indirect object pronouns. Their English meanings, however, are slightly different. As direct object pronouns **mi, ti, ci,** and **vi** mean <u>me</u>, <u>you</u> (fam.) <u>us</u>, and <u>you</u> (pl.). As indirects they mean <u>to me</u>, <u>to you</u> (fam.), <u>to us</u>, and <u>to you</u> (pl.). Remember that instead of "**to**" the preposition can sometimes be "**for.**" In essence, whether you are translating **me** or **to me**, **you** or **to you**, **us** or **to us**, the Italian equivalents are the same.

Differences

1) If in English the pronoun is **not** preceded by **to** (or **for**), then it's going to be a direct object pronoun:

lo *it, him*	**li** *them*	**La** *you* (form. masc.)
la *it, her*	**le** *them*	**La** *you* (form. fem.)

2) If the pronoun **is** preceded by **to** (or **for**), then it's going to be an indirect object pronoun:

gli *to him, to them*	**le** *to her*	**Le** *to you* (masc. & fem.)

Sometimes the preposition **to** is "hidden":

> *"I give her money" really means "I give money <u>to</u> her."*

Remember that verbs requiring an indirect object express some kind of exchange of information or goods—give, send, sell, tell, write, explain, ask, loan, answer, etc. The person who receives the action is the indirect object; the thing received is the direct.

Direct Vs. Indirect Object Pronouns

A. Identify the direct and indirect objects by marking a "D" or "I" above the underlined words or phrases.

1. Every week, he gives <u>money</u> <u>to his church</u>.

2. We are going to buy <u>our son</u> <u>a new bike</u>.

3. She is preparing <u>an easy exam</u> <u>for you</u>.

4. I am doing <u>the doctor</u> <u>a big favor</u>.

5. They opened <u>the door</u> <u>for the children</u>.

B. Identify the direct and indirect objects by marking a "D" or "I" above the underlined words or phrases.

1. Fausto chiama <u>i suoi amici.</u>

2. Voi scrivete <u>le poesie.</u>

3. Loro <u>ci</u> mandano <u>fiori</u>.

4. I ragazzi <u>ti</u> portano <u>regali.</u>

5. I suoi genitori <u>vi</u> fanno <u>i favori.</u>

6. Noi non <u>ti</u> diciamo <u>bugie</u>.

C. Fill in the pronoun **lo, la, li, le, gli, le,** or **Le**.

1. La lettera? Io _____ scrivo oggi.

2. A Franco? Lei _____ parla in italiano?

3. I nostri amici? Noi _____ vediamo a scuola.

4. Le lasagne? Loro _____ cucinano per noi?

5. Alle ragazze? Tu _____ telefoni?

6. Signora Rossi, io _____ presto la mia macchina.

7. Il russo? Voi _____ capite bene?

8. La frutta? Lui _____ mangia ogni giorno

Direct Vs. Indirect Object Pronouns

9. Marcello? Noi _____ conosciamo bene.

10. A Luisella? Tu _____ domandi "come stai"?

D. Quiz. Translate.

1. Francesco? I speak to him in class.

_____

2. The teachers? Linda is inviting them.

_____

3. The house? My parents are selling it.

_____

4. The customers? The waiters are serving them fettuccine.

_____

5. Do they know us?

_____

6. The letters? The students are sending them this afternoon.

_____

7. Jennifer's dad? My son and I are doing him a favor.

_____

8. The gifts? The secretary is bringing them later.

_____

9. They are opening the door for you *(form.)*.

_____

Direct Vs. Indirect Object Pronouns

10. The poems? I don't want to write them. (*two answers*)

_____

_____

11. The coffee? Is it necessary to make it now?

_____

12. The wine? Can you (*fam.*) bring it to the party? (*two answers*)

_____

_____

21 PIACERE

- **Piacere** ("to like" or lit. "to be pleasing to") does not normally conjugate. It is used primarily in the third person as **piace** if the subject is singular and **piacciono** if the subject is plural.

  1. Mi piace la classe. *I like the class. (Lit. The class is pleasing to me).*
  2. Ci piace la classe. *We like the class. (Lit. The class is pleasing to us).*
  3. Mi piacciono le classi. *I like the classes. (Lit. The classes are pleasing to me).*
  4. Ci piacciono le classi. *We like the classes. (Lit. The classes are pleasing to us).*
  5. Ti piace sciare? *Do you like to ski? (Is skiing pleasing to you?)*
  6. Vi piace parlare? *Do you like to speak? (Is speaking pleasing to you?)*

- In examples # 1 & 2 **piace** is used because the subject **la classe** is singular. In examples # 3 & 4 **piacciono** is used because the subject **le classi** is plural. In examples # 5 & 6 **piace** is used because the infinitive is the subject (an infinitive is considered a singular subject).

- The subject comes at the end and determines whether you use **piace** or **piacciono.** At the beginning, you need to use the indirect object pronouns **mi, ti, Le, le, gli, ci,** or **vi.**

A. Fill in **piace** or **piacciono.**

1. Mi _____ l'italiano.
2. Ci _____ la mensa.
3. Le _____ le poesie romantiche.
4. Non ti _____ cucinare spaghetti?
5. Gli _____ parlare portoghese.
6. Mi _____ i film dell'orrore.
7. Ti _____ i corsi questo semestre?
8. Ci _____ le canzoni messicane.

9. Mi _____ i bambini.
10. Non gli _____ gli esami orali.

• **If** you use **piacere** with a name, you need to start with the
preposition **a**:

A Francesco piacciono le classi. *Francesco likes the classes. (Lit. The
classes are pleasing to Francesco).*

Ai miei amici piace la musica. *My friends like music. (Music is
pleasing to my friends).*

B. Complete the sentences. Fill in the first blank of each sentence with the
preposition **a, alla, alle, agli, ai, all'**, or **allo**. In the second blank fill in
piace or **piacciono.**

1. _____ medici _____ giocare al golf il mercoledì.
2. _____ professoressa_____ i balli colombiani, ma non
   le piace ballare.
3. _____ mio padre piace viaggiare, ma non gli _____
   visitare il Polo Nord.
4. _____ tua ragazza _____ andare al cinema?
5. _____ bambini non _____ le carote.
6. _____ pazienti _____ le iniezioni?
7. _____ sua madre non _____ la musica moderna.
8. _____ nostri fratelli _____ dormire molte ore.

• **Piacerebbe / piacerebbero** mean "would like."

****

In the *passato prossimo* **piacere** uses *essere* as the helping verb. The past
participle makes the agreement with the subject, which comes at the end.

Ti è piaciut**a** la fest**a**? *Did you like the party?*
Ci è piaciut**o** il film. *We liked the film.*
Mi sono piaciut**i** gli spaghetti. *I liked the spaghetti.*
Vi sono piaciut**e** le fettuccine? *Did you like the fettuccine?*

Piacere

C. Complete the sentences with *piaciuto, piaciuta, piaciuti,* or *piaciute*.

1. Vi è _____ la conversazione?
2. Mi sono _____ i cioccolatini.
3. A Flavio è _____ il cappello (*hat*) rosso.
4. Ti sono _____ i musei di Firenze?
5. Non ci sono _____ le canzoni rap.
6. Gli è _____ il vino californiano.
7. Le sono _____ le spiagge spagnole.
8. Ti è _____ nuotare nel Mar Mediterraneo?

D. Quiz. Translate.

1. I like French, but I don't like exams.

_____

2. Do you (*fam.*) like to dance?

_____

3. Does your (*fam.*) dad like wine?

_____

4. We don't like to cook, but we like to eat.

_____

5. Do you (*form.*) like big classes?

_____

6. Mary likes Italian songs, but she doesn't like to sing.

_____

7. We like Japanese cars.

_____

Piacere

8. Do your *(fam.)* brothers like horror movies?

_____

9. I would like to go to Madrid.

_____

10. Do you *(pl.)* like Chinese food *(cibo)*?

_____

11. Does your *(form.)* math instructor *(fem.)* like beer?

_____

12. Does the president like reporters *(i giornalisti)*?

_____

13. Did you *(fam.)* like the Mexican beaches?

_____

14. I did not like my class at eight a.m.

_____

15. My wife liked the party, but she did not like the spaghetti.

_____

16. Antonella did not like the songs, but she liked to dance.

_____

22 REFLEXIVE VERBS

Reflexive Verbs in English

Reflexive verbs (*i verbi riflessivi*) must be used with a reflexive pronoun. In English the pronouns are *-self* and *-selves*. In a reflexive verb the action goes back to the subject, i.e., hence the reflection.

I dress myself. They buy themselves a new car.

Many English verbs used to describe our daily routine—*to get up, to go to bed, to shave, to get dressed*, etc., are translated in Italian with reflexive verbs.

Reflexive Pronouns in Italian

mi-myself	*ci*-ourselves
ti-yourself (*familiar*)	*vi*-yourselves
si-yourself (*formal*) *si*-himself, herself, itself	*si*-themselves

lavarsi (to wash oneself)

io mi lavo-I wash myself	*noi ci laviamo*-we wash ourselves
tu ti lavi-you wash yourself *Lei si lava*-you wash yourself	*voi vi lavate*-you wash yourselves
lui si lava-he washes himself *lei si lava*-she washes herself	*loro si lavano*-they wash themselves *loro si lavano*-they wash themselves

The following are the most common reflexive verbs in Italian

addormentarsi-*to fall asleep*

alzarsi-*to get up*

annoiarsi-*to get bored*

arrabbiarsi-*to get angry*

chiamarsi-*to be named*

diplomarsi-*to graduate* (high school)

divertirsi-*to enjoy oneself, have a good time*

divorziarsi-*to get divorced*

fermarsi-*to stop* (moving)

sedersi*-*to sit down*

lamentarsi (di)-*to complain* (about)

laurearsi-*to graduate* (college)

mettersi-*to put on* (clothes)

rilassarsi-*to relax*

sbagliarsi-*to make a mistake*

sentirsi-*to feel* (health)

sposarsi-*to get married*

svegliarsi-*to wake up*

vestirsi-*to get dressed*

truccarsi-*to put on make up*

togliersi**-*to take* off (clothes)

---

* The present tense of **sedersi** is: *mi siedo, ti siedi, si siede, ci sediamo, vi sedete, si siedono. The* past participle of **sedersi** is *seduto*.
** The present tense **of togliersi** is: mi *tolgo, ti togli, si toglie, ci togliamo, vi togliete, si tolgono.* The past participle of **togliersi** is *tolto*.

Position of Reflexive Pronouns

Reflexive pronouns are placed directly before the verb.

Io mi alzo tardi. I get up late.

Tu ti diverti alla festa. You have a good time at the party.

Lei si sveglia alle dieci. You wake up at ten.

Franca si sente bene oggi. Franca feels fine today.

Noi ci vestiamo in fretta. We get dressed in a hurry.

Voi vi sbagliate raramente. You rarely make mistakes.

Loro non si annoiano in classe. They do not get bored in class.

Position of Reflexive Pronouns with Infinitives

- Reflexive pronouns, like direct and indirect object pronouns, are attached to the infinitive of the verb:

    È importante svegliarsi. È necessario vestirci.

- Note that the "e" of the infinitive is dropped.
- If the infinitive is preceded by a form of **dovere**, **volere**, or **potere,** the pronoun may be placed before the conjugated verb or attached to the infinitive:

    Io voglio divertir**mi** OR Io **mi** voglio divertire.

    Luisa può diplomar**si** OR Luisa **si** può diplomare.

    Loro possono lavar**si** OR Loro **si** possono lavare.

A. Circle the correct reflexive pronoun. As you do the exercise, review the meaning for yourself.

1. Tu *ti / si* alzi tardi.
2. Noi *mi / ci* addormentiamo presto.
3. Io *ti / mi* rilasso nella macchina.
4. Loro *ci / si* divertono.
5. Lei *mi / si* sente bene.
6. Laura ed io non *ci / vi* sbagliamo.
7. Tu e il tuo ragazzo non *ci / vi* annoiate.
8. Lucio *si / ti* lamenta.
9. Io *ti / mi* vesto lentamente.
10. Noi *vi / ci* diplomiamo a giugno.

B. Quiz. Fill in the reflexive pronoun (**mi, ti, si, ci, vi**).

1. Io _____alzo alle otto.
2. Lei _____ toglie il cappello.
3. Tu _____ senti bene?
4. I ragazzi non _____ truccano.
5. Maria ed io _____ sediamo sul sofà.
6. Loro non vogliono seder_____ lì.
7. Loro non _____ vogliono sedere lì.
8. Io non posso alzar _____ alle quattro di mattina.
9. Io non _____ posso alzare alle quattro di mattina.
10. Tu _____ devi rilassare?
11. Tu devi rilassar _____ ?
12. Vogliamo divertir _____ alla festa.
13. _____ vogliamo divertire alla festa.
14. Lei può metter _____ la giacca?
15. Lei _____ può mettere la giacca?

Reflexive Verbs in *the passato prossimo*

Reflexive verbs use *essere* as the helping verb for the *passato prossimo*.
Like other verbs using *essere,* the past participle agrees with the subject:

Io mi sono alzato-**a**. Lui si è alzat**o**. Sofia si è alzat**a**.
Noi ci siamo divertit**i**. Le ragazze si sono diplomat**e**.

C. Add the appropriate vowel to complete the past particple. As you do the exercise, review the meaning for yourself.

Examples: La signora si è rilassat**a**.
Domenico si è mess**o** il cappello.
Le dottoresse non si sono sbagliat**e**.

1. Lucia si è alzat_____ tardi.
2. Noi *(fem.)* non ci siamo annoiat_____.
3. Loro *(masc. & fem.)* si sono laureat_____.
4. Quando ti sei sposat_____ tu *(fem.)*?
5. Donatella si è arrabbiat_____.

Reflexive Verbs

6. Voi *(fem.)* vi siete addormentat_____ presto?

7. I miei genitori si sono divorziat_____ l'anno scorso.

8. Tu *(masc.)* ti sei fermat_____ al semaforo *(traffic light).*

D. Quiz. Write the present and the *passato prossimo*. Be sure to include the reflexive pronouns.

Examples

	presente	passato prossimo
lavarsi-lui	si lava	si è lavato
divertirsi-io *(fem.)*	mi diverto	mi sono divertita

	presente	passato prossimo
1. sbagliarsi-tu *(masc.)*		
2. vestirsi-la signora		
3. sedersi-loro *(fem.)*		
4. sposarsi- voi		
5. sentirsi- Gina		
6. arrabbiarsi-io *(fem.)*		
7. diplomarsi-loro		
8. annoiarsi- tu *(fem.)*		

E. Quiz. Translate.

1. Linda gets up early.

_____

2. We are graduating from college in December.

_____

3. They fall asleep in class.

_____

Reflexive Verbs

4. He is taking off his jacket because it's hot.

_____

5. I never put on make up in the car.

_____

6. Many students get dressed in a hurry.

_____

7. Stefano prefers to sit next to Maria.

_____

8. Did you (*pl.*) have a good time at the party?

_____

9. We graduated from high school last year.

_____

10. I get bored in my philosophy class.

_____

11. How are you (*form.*) feeling today?

_____

12. What is your (*fam.*) name?

_____

13. He can't relax during (*durante*) exams. (*two answers*)

_____

14. Her parents got divorced three years ago.

_____

Reflexive Verbs

15. Antonio has to put on a tie on Sunday. (*two answers*)

_____

_____

NOTES:

1) In the previous exercises all verbs required a reflexive pronoun because they were used reflexively, i.e., the action went back to the person doing it, hence, the reflection. Any of the verbs in the previous exercises can be used without the reflexive pronoun to mean something a little different. Compare:

- *alzare-to lift, raise;* Io alzo il libro. *I lift the book*
  alzarsi-to get up; Gina si alza. *Gina gets up.*
- *lavare-to wash;* Franca lava il cane. *Franca washes the dog.*
  lavarsi-to wash oneself; Piero si lava. *Piero washes himelf.*
- *mettere-to put, place;* Metto zucchero nel caffè. *I put sugar in coffee.*
  mettersi-to put on; Si mette il cappotto. *S/he puts one the overcoat.*

2) Most verbs, which are normally used without a reflexive pronoun, could be used thus if one wishes to:
parlare-to speak parlarsi-to speak to oneself
scrivere-to write scriversi-to write to oneself

3) Note that sometimes Italian uses the reflexive where English uses the possessive, especially with parts of the body and clothing:

- *Io **mi** metto **il** cappello. I put on **my** hat.*
- *Lei **si** lava **la** faccia. She washes **her** face.*
- *Il dottore **si** toglie la giacca. The doctor takes off **his** jacket.*

Reflexive Verbs

23 IMPERFECT

The imperfect (*l'imperfetto*) is a past tense that is used in a number of situations. For the moment, concentrate on learning the forms of the imperfect and keep in mind that it is used for repeated actions and descriptions in the past. To form the imperfect, drop the -**re** of the infinitive and add -**vo, -vi, -va, -vamo, -vate, -vano.**

cantare	*scrivere*	*dormire*
io canta**vo**	io scrive**vo**	io dormi**vo**
tu canta**vi**	tu scrive**vi**	tu dormi**vi**
Lei canta**va**	Lei scrive**va**	Lei dormi**va**
lui, lei canta**va**	lui, lei scrive**va**	lui, lei dormi**va**
noi canta**vamo**	noi scrive**vamo**	noi dormi**vamo**
voi canta**vate**	voi scrive**vate**	voi dormi**vate**
loro canta**vano**	loro scrive**vano**	loro dormi**vano**

Io cantavo. I used to sing. (I would sing).
Loro scrivevano. They used to write. (They would write).
Noi dormivamo. We used to sleep. (We would sleep).

A. Write the correct form of the imperfect.

1. Tu guardavi la televisione ogni sera.

    Loro _____

    Lui _____

2. I ragazzi studiavano molto.

    Maria _____

    Voi _____

3. Io non parlavo russo.

    Lei _____

    Loro _____

4. Lui non fumava.

Tu _____

Noi _____

5. Loro cercavano i loro amici.

Noi _____

Antonella _____

6. Io mi alzavo presto.

Luigi si _____

Tu ti _____

7. Loro vivevano a San Diego.

Lei _____

Io _____

8. Tu leggevi il romanzo.

Noi _____

Voi _____

9. Lei finiva i compiti.

Loro _____

Giacomo _____

10. Loro si divertivano alla festa.

Noi ci _____

Lei si _____

11. Io non mi sentivo bene.

Voi non vi _____

Tu non ti _____

Irregular Imperfects

The following are the only irregular verbs in the imperfect.

essere	bere	dire	fare
ero	bevevo	dicevo	facevo
eri	bevevi	dicevi	facevi
era	beveva	diceva	faceva
eravamo	bevevamo	dicevamo	facevamo
eravate	bevevate	dicevate	facevate
erano	bevevano	dicevano	facevano

Imperfect

B. Write the correct form of the imperfect.

1. Io facevo i compiti ogni sera.
   Loro _____

2. I ragazzi erano a casa.
   Franca _____

3. Noi non bevevamo vino.
   Lei _____

4. Lui diceva molte cose.
   Tu _____

5. Loro facevano un viaggio.
   Lei _____

6. Voi eravate a scuola.
   Loro _____

7. Io bevevo latte.
   Noi _____

8. Tu leggevi il romanzo.
   Lui _____

9. Noi dicevamo bugie qualche volta.
   Voi _____

10. Io ero una brava ragazza.
    Lei _____

C. Quiz. Write the correct forms of the imperfect.

Example: io   loro   voi
studiare   *studiavo*   *studiavano* *studiavate*

	io	loro	voi
1. arrivare			
2. leggere			
3. fare			
4. pulire			
5. ricevere			
6. bere			
7. essere			
8. andare			

Imperfect

D. Quiz. Translate. (Verbs in this exercise need to be translated with the imperfect). TIPS: *used to+verb*= **imperfect**; *would** + *verb*= **imperfect**; *was, were + -ing*= **imperfect**

1. On Saturdays, I would always watch television.

_____

2. When Adriana was twelve, she used to play the piano.

_____

3. As a child *(da bambino)*, Paolo used to have dinner early.

_____

4. You *(fam.)* were distracted *(distratto)* in class.

_____

5. Gabriele was sick.

_____

6. Some people used to read a lot.

_____

7. While *(mentre)* we were going to school, you *(form.)* were going home.

_____

8. It was one p.m.

_____

9. They were ordering dinner when we were going in the restaurant.

_____

10. When he was in elementary school, he would return home at two p.m.

_____

11. My father used to smoke.

_____

12. You *(pl.)* were happy because all your family was home.

_____

13. Our grandparents had big cars.

_____

14. Her son used to wake up at four a. m. when he was a baby.

_____

15. I used to drink milk.

_____

_____

* In these cases **would** means *used to* and that's why it comes out as an imperfect. **Would** as conditional comes in chapter 30.

Imperfect

24 IMPERFECT VS. *PASSATO PROSSIMO*

TIPS: *1. Make sure you know the regular and irregular forms for the* passato prossimo *and the imperfect.*
2. Study the sections on the use of the imperfect and passato prossimo *in your textbook.*

- The *passato prossimo* is used for completed actions in the past:
  Ho mangiato la bistecca (alle sette). <u>I ate the steak (at seven).</u>

- When the speaker wishes to stress that the action may not have been completed (we don't see the end, we can't put a specific time on the action), the imperfect is used:
  Mangiavo la bistecca quando Luca è venuto a casa mia.
  <u>I was eating (i.e., in the middle of eating) when Luca came to my house.</u>
  Luca's arrival interrupted the eating (the act of eating may or may not have been carried out).

- The imperfect is used for descriptions (mental or physical state or conditions) and to set the stage or provide background for the passato prossimo:
  Faceva bel tempo ed io ero contento. Per questo ho deciso di andare alla spiaggia.
  <u>It was nice weather and I was happy. That's why I decided to go to the beach.</u>
  Fausto stava male e per questo non è andato a scuola.
  <u>Fausto was feeling badly and that's why he did not go to school.</u> (It's not clear for how long he was sick; emphasis on physical condition and preparation for "non è andato")

Imperfect Vs. Passato Prossimo

- The imperfect gives the background or explanation for something that took place:

> *Dato che pioveva, io non sono uscito di casa.* <u>Since it was raining, I did not go out of my house.</u>
>
> *Ha mangiato molto perché aveva fame.* <u>She ate a lot because she was hungry.</u>

- Verbs such as *stare, essere,* and *avere* are used more often in the imperfect rather than the *passato prossimo* because they are "static," i.e., they suggest descriptions, states, or conditions rather than actions. When these verbs are used in the *passato prossimo,* there is always a specific reference to time (expressed or implied) by the speaker.

> *Andrea è stato malato per tre giorni.*
> <u>Andrea was sick for three days.</u>(implied: he's better now)

- Other verbs are considered "action" verbs —<u>eat, go, come, write,</u> etc.—and are normally used in the *passato prossimo* because they suggest completed actions.

> *Francesco è venuto al lavoro. Gina e Maria sono arrivate alle sette.*
> <u>Francesco came to work. Gina and Maria arrived at seven.</u>

- However, these action verbs can be used in the imperfect to express habitual actions. In English, these imperfects are translated with *"used to or would + a verb"*:

> *Io cenavo alle sei ogni sera.* <u>I used to (would) have dinner at six every night.</u>

- Action verbs can also be used to translate the English past progressive, i.e., *was* or *were +____ing*:

> *Lei **studiava** quando lui è arrivato.* <u>She **was studying** when he arrived.</u>

Words Associated with the Imperfect

ogni giorno, ogni mese, ogni martedì... sempre, generalmente, qualche volta, mentre *(while)*, da bambino-a, da giovane.

Imperfect Vs. Passato Prossimo

Words Associated with the *passato prossimo*

ieri, ieri sera, l'altro ieri (avantieri), il mese scorso (passato), l'anno scorso, ...una volta, di colpo, all'improvviso, d'un tratto *(all of a sudden).*

A. Imperfect or *passato prossimo.* Write I or P in the space provided.
1. It's used in descriptions. ____
2. It's used to tell time. ____
3. It's used to express incomplete actions. _____
4. It's used to express completed actions. _____
5. It's used to translate *was* or *were* + __*ing.* _____
6. It's used with "static" verbs such as "avere," "essere," "stare" etc._____
7. It's used with "static" verbs when they are clearly identified with a specific time reference. ____
8. It's used with action verbs to express repeated or habitual actions.____
9. It's used with action verbs to express completed actions._____

DIFFERENT MEANINGS OF *PASSATO PROSSIMO* VS. IMPERFECT

conoscere- to know: *Ho conosciuto Luigi.* <u>**I met** Luigi.</u>
        Conoscevo Marco. <u>**I knew** Marco.</u>
sapere-to know: *Ho saputo la verità.* <u>**I found out** the truth.</u>
        Sapevo la verità. <u>**I knew** the truth.</u>
potere- to be able: *Ho potuto fare i compiti.* <u>**I managed** to do the homework</u>
        (could *and* did).
        Potevo fare i compiti. <u>**I had the ability** to do the</u>
        <u>homework</u> (I am not saying whether I did it or not).
volere-to want: *Ho voluto mangiare tutta la pizza.* <u>**I wanted** to eat the</u>
        <u>entire pizza</u> (I acted on my desire).
        Volevo mangiare tutta la pizza. <u>**I had the desire** to eat the</u>
        <u>entire pizza</u> (it was just a wish).
dovere: have to, must: *Sono dovuto andare a casa.* <u>I had to go home</u>
        (did go).
        Dovevo andare a casa. <u>**I was supposed** to go home</u>
        (no end result implied, maybe I did or didn't go).

Imperfect Vs. Passato Prossimo

essere- to be: *Sono stata una buona studentessa.* I was a good student
(from beginning to end of a time period expressed or suggested, i.e.,
high school, elementary school, college).
Ero una buona studentessa, ma poi ho cominciato a studiare poco e....
<u>I was a good student, but then I began to study</u> little and......

MODELS

Read sections I & II and try to understand why the *passato prossimo* or the
imperfect is used.

I

1. Quando <u>avevo</u> otto anni, <u>vivevo</u> con i miei tre fratelli a Santa Maria, dove
<u>frequentavo</u> una scuola pubblica.

2. Mio padre <u>lavorava</u> a Union Sugar e mia madre <u>lavorava</u> a Marian
Hospital.

3. Una volta, i miei genitori <u>hanno viaggiato</u> in Germania. I miei fratelli ed
io <u>siamo rimasti</u> *(we stayed)* con i nostri zii. Tutto <u>andava</u> bene ma una
domenica di pomeriggio, il mio fratello minore <u>si è rotto</u> *(broke)* una gamba.
Quando i miei genitori <u>hanno saputo</u> dell'incidente, <u>volevano</u> ritornare, ma i
nostri zii li <u>hanno assicurati</u> *(assured them)* che non <u>era</u> necessario.

4. Un giorno quando la mia sorella maggiore <u>imparava</u> a guidare la
macchina, lei <u>ha colpito</u> *(crashed)* la porta del garage. Non <u>ha guidato</u> per
quattro anni.

II

Il mercoledì scorso, quando Antonio <u>si è alzato, ha detto</u> che non <u>si sentiva</u>
bene. Non <u>ha potuto</u> dormire tutta la notte e gli <u>faceva</u> male *(hurt)* lo
stomaco. <u>Ha fatto</u> immediatamente un appuntamento con il medico. Antonio
<u>era</u> molto nervoso perché <u>temeva</u> *(feared)* qualcosa di serio. Il medico lo <u>ha
esaminato</u> e gli <u>ha detto</u> che non <u>era</u> niente di grave, che solamente <u>era</u> molto
stanco, che <u>doveva</u> dormire di più e mangiare di meno. Il medico gli <u>ha dato</u>
delle vitamine e delle pillole *(pills)* per dormire. Quando Antonio <u>è ritornato</u>
a casa, già si <u>sentiva</u> molto meglio *(a lot better)*.

Imperfect Vs. Passato Prossimo

B. Review. Circle the *passato prossimo* or the imperfect.

Ha fatto / faceva[1] bel tempo. Gli uccellini *(little birds) hanno cantato / cantavano*[2] nel parco. Marcello *è stato / era*[3] molto contento perché *ha avuto / aveva*[4] un appuntamento con una bella ragazza. Lui *ha aspettato / aspettava*[5] due ore, ma la ragazza non *è venuta / veniva*[6]. Più tardi, quella stessa sera, Marcello *ha visto / vedeva*[7] la *ragazza* con un altro ragazzo. Lui non le *ha voluto / voleva*[8] parlare. Lei lo *ha chiamato / chiamava*[9] e gli *ha spiegato / spiegava*[10] che l'altro ragazzo *è stato / era*[11] suo fratello. Marcello *si è seduto / si sedeva*[12] con loro e i tre *hanno parlato / parlavano*[13] a lungo. Finalmente Marcello e la ragazza *hanno programmato / programmavano*[14] un altro appuntamento e lui *è uscito / usciva*[15] dal ristorante molto contento.

C. Quiz. Fill in the correct form of the *passato prossimo* or the imperfect to complete the sentence.

Giulia e Lina (essere)[1] _____ buonissime amiche. Loro (vivere)[2] _____ a Los Angeles e (studiare)[3] _____ nella stessa scuola elementare. Ogni giorno loro (andare)[4] _____ a scuola e (passare)[5] _____ molto tempo insieme dopo le lezioni.

Nel 2003 loro (diplomarsi)[6] _____ dalla scuola superiore *(high school)* e (andare)[7] _____ ad università diverse.

Giulia (frequentare)[8] _____ un'università in Costa Rica dove lei (conoscere)[9] _____ un giovane spagnolo. Lei (sposarsi)[10] _____ con lui e loro ora vivono a Barcellona.

Lina (frequentare)[11] _____ un'università in Francia. Lì lei (conoscere)[12] _____ un giovane tedesco. I due ora vivono negli Stati Uniti dove insegnano matematica in una scuola secondaria.

Anche se *(although)* Giulia e Lina ora vivono in paesi diversi, loro continuano a essere buone amiche perché ricordano il tempo passato insieme a Los Angeles durante la loro infanzia.

Imperfect Vs. Passato Prossimo

D. Quiz. Translate.

It was seven o'clock when I finally left home. It was cold, but there were many people who were going to work. At seven thirty I arrived at the office. My boss was angry. I told him that it was not a good idea to get angry because it's possible to get sick. He answered that I was her secretary and not his psychologist. It's true. Next time that he gets angry I am not going to give him any advice. And maybe I am going to find another boss who understands me!

25 COMPARISONS

Comparisons of Inequality (*more* or *less* than)
(Comparativi di maggioranza e minoranza)

To make comparisons of inequality use **più** (more),* **meno** (less) and **di** (del, della, degli, etc.) (than):

* Bill Gates è **più** ricco **della** professoressa.
  Bill Gates is richer than the professor.
* La professoressa è **meno** ricca di Bill Gates.
  The professor is less rich than Bill Gates.
* Le macchine piccole sono **più** economiche delle grandi.
  Small cars are more economical than big ones.
* Enzina ha **più** classi **di** me.
  Enzina has more classes than I.
* Il professore mangia **meno degli** studenti.
  The professor eats less than the students.

As you can see from the previous examples, the combination **più/meno di** works with adjectives, nouns, and adverbs.

A. Add **più** or **meno** as appropriate. Note the usage and forms of <u>di</u>.
1. Mio padre ($4,000) ha _____ soldi di me ($5).
2. Il dottore (45 ore) lavora _____ del professore (50 ore).
3. Il dentista parla _____ del paziente.
4. La mamma dorme _____ del bambino.
5. Gli esami di inglese sono _____ difficili degli esami di educazione fisica.
6. Michael Jordan è _____ alto di Danny DeVito.
7. Roseanne è _____ comica del nostro professore di matematica.
8. Suo fratello (40 chili) è _____ grasso di mia zia (60 chili).

---

* In English **più** translates with the suffix "-er" (big→bigger, happy→happier) when the adjective has no more than two syllables.

****

In comparisons with the same part of speech—noun and noun, verb and verb, adjective and adjective— **che** is used instead of **di:**
- Franco è più *intelligente* **che** *ricco*. (adjective)
- Mi piace meno *lavorare* **che** *ballare*. (verb)
- Comprano più *fettuccine* **che** *spaghetti*. (noun)

B. Add **più** or **meno** as appropriate. Note the use of <u>che</u> in this exercise.
1. Mio padre ha _____ figli (5) che macchine (1).
2. Franca ha _____ euro (35) che dollari (80).
3. Agli italiani piace _____ il vino che la birra.
4. Andrea è molto sportivo. Gli piace _____ leggere che giocare
     al tennis.
5. Michael Jordan gioca _____ alla pallacanestro che al calcio.
6. Per i dottori è _____ facile giocare al golf che lavorare?
7. È _____ interessante leggere che guardare la televisione?
8. Gina è molto bella ma ha pochi amici. Gina è _____ bella
     che popolare.

C. Add **di (del, della, degli etc.)** or **che** as appropriate.
1. La Ferrari costa più _____ Toyota Tercel.
2. Gli esami di educazione fisica sono meno intellettuali _____ fisici.
3. Steve Jobs è meno povero _____ professoressa di biologia.
4. Mio nonno ha novantacinque anni ed è molto simpatico. Lui è più
     simpatico _____ giovane.
5. I giocatori di calcio preferiscono giocare _____ leggere libri.
6. Il mese di febbraio è piu corto _____ bello.
7. I cioccolatini sono meno nutritivi _____ insalate.
8. È piu interessante mangiare _____ cucinare?
9. La spiaggia è meno interessante _____ discoteche?
10. Luigi è piu intellettuale _____ Riccardo.
11. Secondo lui, è meno divertente guardare la TV _____ leggere.
12. Franco ha più amiche _____ amici.

13. Io mangio al ristorante meno _____ a casa.
14. I nostri cugini sono meno giovani _____ nostri zii.
15. Roma è più grande _____ Firenze.

Irregular Comparatives

ADJECTIVES	ADVERBS
buono-a **migliore** *better*	bene **meglio** *better*
buoni-e **migliori** *better*	male **peggio** *worse*
cattivo-a **peggiore** *worse*	molto **più** *more*
cattivi-e **peggiori** *worse*	poco **meno** *less*
grande **maggiore** older, greater	
grande **più grande** *bigger*	
grandi **maggiori** *older, greater*	
grandi **più grandi** *bigger*	
piccolo-a **minore** *younger, lesser*	
piccolo-a **più piccolo** *smaller*	
piccoli-e **minori** *younger, lesser*	
piccoli-e **più piccoli** *smaller*	

Remember that adjectives modify nouns and have to agree with the nouns.

- "B" è un voto buono, ma "A" è migliore.
  "B" is a good grade, but "A" is better.
- Queste macchine sono migliori di quelle.
  These cars are better than those.

Adverbs describe verbs and have only one form.

- Linda canta bene, ma noi cantiamo meglio.
  Linda sings well, but we sing better.
  Loro scrivono male, ma voi scrivete peggio.
  They write badly, but you write worse.

Comparisons

D. Match the blank space with the appropriate comparative from the right column.

1. Io sono magro perché mangio poco. Fausto è più magro perché lui mangia _____ di me.	minore
2. Mia moglie cucina bene, ma io cucino _____.	più piccole
3. Suo fratello è sposato e vive in California. La sua sorella _____ studia alla scuola elementare.	migliori
4. Questi libri sono cattivi, ma quelli sono ancora *(even)* _____.	peggio
	meno
	meglio
5. Le Porsche sono _____ delle Honda Civic.	peggiori
6. Le Cadillac non sono_____ delle Toyota Tercel.	

Comparisons of Equality (as much / as many as)
(comparativi di uguaglianza)

Nouns

For nouns, use **tanto/a/ tanti/e** + *noun* + **quanto-a quanti-e.**

- Paolo beve **tanta** birra **quanto** Enzo.
  Paolo drinks as much beer as Enzo.

- Marco beve **tanto** caffè **quanto** Lucio.
  Marco drinks as much coffee as Lucio.

- I ragazzi comprano **tante** camice **quanto** voi.
  Boys buy as many shirts as you do.

- Nella classe ci sono **tante** ragazze **quanti** ragazzi.
  In class there are as many boys as girls.

E. Fill in the appropriate form of **tanto-a/tanti-e.**

1. Comprano _____ frutta quanta verdura.
2. Io ho _____ fratelli quanto te.
3. Suo padre non usa _____ scarpe quanto me.
4. Gli studenti hanno bisogno di _____ soldi quanto voi.
5. La professoressa insegna _____ classi quanto il professore.

Comparisons

Adjectives & Adverbs

• For adjectives and adverbs, use **tanto** + *adjective (adverb)* + **quanto** OR *così* + *adjective (adverb)* + **come.** The first term of these comparisons can be dropped without change in meaning.

Fausto è (così) intelligente **come** Luisella.
Fausto è **(tanto)** intelligente **quanto** Luisella.
*Fausto is **as** intelligent **as** Luisella.*

Le dottoresse sono **(tanto)** responsabili **quanto** le professoresse.
Le dottoresse sono (così) responsabili **come** le professoresse.
*Doctors are **as** responsible **as** professors.*

Io scrivo **(tanto)** bene **quanto** mio cugino.
Io scrivo (così) bene **come** mio cugino.
*I write **as** well **as** my cousin.*

Verbs

For verbs, use **tanto quanto.** In these cases **tanto** and **quanto** do not change.

Lavoriamo **tanto quanto** voi.
We work as much as you do.

F. Fill in the appropriate form of **tanto-i, tanta-e, così, come** to complete the comparisons.

1. La mia casa è _____ vecchia come la tua.
2. Lei studia _____ quanto me.
3. I nostri fratelli mangiano _____ bistecche _____ insalate.
4. La signorina parla _____ rapidamente come te.
5. Il presidente non lavora _____ quanto sua moglie.
6. Io non bevo _____ quanto il mio professore di inglese.
7. Noi siamo (così) poveri _____ voi.
8. Il dottore scrive _____ bene quanto il dentista.

Comparisons

9. Il bambino non dorme _____ quanto la madre.

10. I professori lavorano tanto _____ gli studenti.

G. Quiz. Fill in the appropriate comparative (**più, meno, di, del, della etc., che, tanto-a, così, tanta-e, come, maggiore, minore, peggio, peggiore-i, meglio, migliore-i**).

1. Nostro cugino balla _____ bene come voi. (*as*)

2. Gli italiani non bevono _____ birra quanto i tedeschi. (*as much*)

3. Bill Gates non è _____ ricco di me. (*as*)

4. I nonni di Lina preferiscono viaggiare _____ lavorare. (*more/than*)

5. In generale gli uomini sono _____ alti _____ donne. (*more/than*)

6. Giorgio non canta _____ bene come Plácido Domingo. (*as*)

7. Compriamo (15) _____ camice ____ te (10). (*more/than*)

8. Il mio fratello _____ studia all'università. Il mio fratello _____ studia in una scuola elementare. (*older/younger*)

9. I dentisti lavorano _____ ore quanto i dottori. (*as many*)

10. Lui mangia tanto _____ me. (*as*)

H. Quiz. Translate.

1. She speaks as slowly (*lentamente*) as I do.

_____

2. We don't drink less coffee than the Spanish instructor (*m.*).

_____

3. Small cars are cheaper than big ones.

_____

4. Do dentists earn (*guadagnare*) as much as doctors?

_____

5. I don't write as fast as my brother.

_____

6. Math exams are more difficult than Italian exams.

_____

7. Are you (*fam.*) younger or older than your sister?

_____

8. Classes at 7:00 a.m. are worse than classes at 9:00 a.m.

_____

9. We eat as much pizza as you do *(pl.)*.

_____

10. They don't have fewer friends than I.

_____

11. I buy as many shoes as you *(fam.)* do.

_____

12. We are as rich as our sisters are. *(two ways)*

_____

_____

13. It's more interesting to dance than to work.

_____

14. They eat more in restaurants than at home.

_____

15. He cooks well, but my father cooks better.

_____

16. Simona drinks as much coffee as I do.

_____

17. My younger brother studies music.

_____

18. She does not sleep as much as her husband.

_____

19. Gianni is as responsible as Maria is. *(two ways)*

_____

_____

20. Women are shorter than men.

_____

Comparisons

Comparisons

26 FUTURE

In English, the future tense uses the helping verb "will" and the verb:

examples: I will go (I shall go). You will study.

The future tense in Italian is formed by dropping the "e" from the infinitive and adding **-ò, -ai, -à, -emo, -ete, -anno.**

Future *(Regular Verbs)*

*cantare**	*leggere*	*capire*
io canterò	io leggerò	io capirò
tu canterai	tu leggerai	tu capirai
Lei, lui, lei canterà	Lei, lui, lei leggerà	Lei, lui, lei capirà
noi canteremo	noi leggeremo	noi capiremo
voi canterete	voi leggerete	voi capirete
loro canteranno	loro leggeranno	loro capiranno

- The endings for all three conjugations (**-are, -ere,** and **-ire**) are the same.
- The endings for the future tense are almost the same as the forms of the present tense of **avere** (*ho, hai, ha, abbiamo, avete, hanno*) except that in the future the letter "**h**" is dropped.

A. Write the correct form of the future.

1. Io parlerò francese l'anno prossimo.

   Lei _____

   Tu _____

2. Tu studierai molto per gli esami finali.

   Loro _____

   Lui _____

---

* Note that the "**a**" becomes "**e**" in the **are** group.

Future

3. I ragazzi non fumeranno in classe.

Isabella _____

Noi _____

4. Loro suoneranno il pianoforte la settimana prossima.

Lei _____

Io _____

5. Lui si alzerà tardi la domenica.

Voi vi _____

Noi ci _____

6. Tu leggerai poco nel futuro.

Io _____

Carlo _____

7. Lei dormirà nella classe di filosofia.

Loro _____

Lui _____

8. Tu riceverai molti regali per il tuo compleanno.

Noi _____

Voi _____

9. Che cosa porterà Fabio alla festa?

Che cosa _____ Marco alla festa?

Che cosa _____Giulia e Linda alla festa?

10. Loro passeranno le vacanze in Inghilterra.

Io _____

Tu _____

Irregular Verbs *(Spelling Changes)*

Verbs like gio**care**, pa**gare**, man**giare**, and comin**ciare** make minor spelling changes in the future:

- gio**care**- gio**cherò**, gio**cherai**, gio**cherà**, gio**cheremo**, gio**cherete**, gio**cheranno**
- pa**gare**- pa**gherò**, pa**gherai**, pa**gherà**, pa**gheremo**, pa**gherete**, pa**gheranno**
- man**giare**- man**gerò**, man**gerai**, man**gerà**, man**geremo**, man**gerete**, man**geranno**
- comin**ciare**- comin**cerò**, comin**cerai**, comin**cerà**, comin**ceremo**, comin**cerete**, comin**ceranno**

Future

Irregular Futures

The irregularities in these verbs occur in the stem. The endings are the same as those for regular futures.

essere- sarò, sarai, sarà, etc.	**avere**-avrò, avrai, avrà, etc.
dare- darò, darai, darà, etc.	**dovere**-dovrò, dovrai, dovrà, etc.
fare-farò, farai, farà, etc.	**potere**-potrò, potrai, potrà, etc.
stare-starò, starai, starà, etc.	**bere**-berrò, berrai, berrà, etc.
vedere-vedrò, vedrai, vedrà, etc.	**venire**-verrò, verrai, verrà, etc.
andare-andrò, andrai, andrà, etc.	**volere**-vorrò, vorrai, vorrà, etc.

B. Write the correct form of the future (irregulars).

1. Io sarò ricco nel futuro.

   Tu _____

   Lei _____

2. Noi non mangeremo carne.

   Voi _____

   I ragazzi _____

3. Io potrò capire il tedesco.

   Noi _____

   La signorina _____

4. Tu non berrai vino e birra alla festa.

   Loro _____

   Mio zio _____

5. Lei verrà a scuola in elicottero nel 2050.

   Io _____

   Lui _____

6. Loro avranno molti soldi dopo di laurearsi.

   Noi _____

   Marcella _____

7. Io dovrò lavorare durante l'estate.

   Voi _____

   Tu _____

8. Gisella saprà suonare la chitarra molto bene fra due anni (*in two years*).

Noi _____

Lui _____

9. Tu vorrai dormire poco quando avrai 80 anni.

Voi _____

Loro _____

10. Lina farà un viaggio alla luna fra cinquanta anni.

Noi _____

Io _____

C. Quiz. Write the correct form of the future.

1. stare	tu		loro
2. sapere	io		lei
3. fumare	noi		lui
4. avere	Luisa		tu
5. pagare	voi		io
6. vedere	lei		noi
7. potere	tu		loro
8. portare	io		noi
9. venire	voi		tu
10. finire	Sofia		loro

D. Quiz. Translate.

1. I will buy a new car next month.

_____

2. They will be here next year.

_____

3. She will live in Colombia in (*fra*) three years.

_____

4. He will not smoke next month.

_____

5. You (*fam.*) will not drink wine in class.

_____

6. We will have a lot of money in six years.

_____

7. They will be able to understand French in a few semesters.

_____

8. The teacher will not bring exams to the party.

_____

9. I will not tell lies.

_____

10. We will get up early and then will go on vacation.

_____

11. They will finish school in four years.

_____

12. She will spend (*passare*) three weeks in Spain.

_____

13. Where will you (*pl.*) work next year?

_____

14. I'll write a letter to the president.

_____

15. Our sister will not pay 300 dollars for a book.

_____

Future

27 DOUBLE OBJECT PRONOUNS

If two object pronouns are used in the same sentence, the indirect precedes the direct. The pronouns **mi, ti, ci,** and **vi** change the "i" to "e." Both pronouns will go **before** the conjugated verb.

- *Marisa **mi** compra il regalo. Marisa **me lo** compra.*
  Marisa buys me the gift. Marisa buys it for me.

- *Nostro nonno **ci** scrive lettere. Nostro nonno **ce le** scrive.*
  Our grandfather writes us letters. Our grandfather writes them to us.

- *Io **ti** servo il caffè. Io **te lo** servo.*
  I am serving you coffee. I am serving it to you.

A. Use double object pronouns.

    Example: Voi mi mandate cartoline. Voi **me le** mandate.

1. Io ti presto la penna. _____

2. Lei mi canta la canzone. _____

3. Tuo padre ti dà i soldi. _____

4. Noi vi serviamo le fettuccine. _____

5. Voi ci chiedete il favore. _____

6. Loro mi fanno domande. _____

7. I suoi amici vi offrono la birra. _____

8. Il professore ci spiega la grammatica. _____

The pronouns **gli, Gli, le,** and **Le** change to **glie** and combine with the next pronoun.

- *Il cameriere serve la pasta al cliente. Il cameriere **gliela** serve.*
  The waiter serves pasta to the customer. The waiter serves it to him.

- *Noi mandiamo il pacco ai nostri amici. Noi **glielo** mandiamo.*
  We send the package to our friends. We send it to them.

- *Io Le faccio i favori. Io **Glieli** faccio.*
  I do the favors for you. I do them for you.

B. Use double object pronouns.

Example: Noi apriamo la porta al dottore.

Noi **gliela** apriamo.

1. Io servo il caffè alla mia ragazza. _____

2. Voi dite la verità allo psicologo. _____

3. Noi portiamo i pacchi a voi. _____

4. Luisa manda le lettere ai suoi figli. _____

5. Le ragazze prestano la moto ai ragazzi. _____

6. Tu fai il favore al professore. _____

7. Linda ed io cantiamo le canzoni romantiche ai turisti.

_____

8. La dottoressa spiega il problema al paziente.

_____

9. Gli studenti raccomandano i buoni ristoranti a voi.

_____

10. Il presidente non dice bugie a noi.

_____

Double Object Pronouns with Infinitives

- Double object pronouns are attached to an infinitive.

  È importante mandarle un regalo. È importante mandarglielo.

  Ho bisogno di farti una domanda. Ho bisogno di fartela.

- Note that the "e" of the infinitive is dropped.

- If the infinitive is preceded by a form of **dovere, volere,** or **potere,** the pronoun may be placed before the conjugated verb or attached to the infinitive:

  Io voglio comprarglielo **OR** *Io glielo voglio comprare.*

  Lucia può scrivercela **OR** *Lucia ce la può scrivere.*

  Loro possono dirtelo **OR** *Loro te lo possono dire.*

Double Object Pronouns

C. Make the substitutions following the model.

Examples: *Io voglio comprare un regalo a Lei.*

Io Glielo voglio comprare / Io voglio comprarGlielo.

È importante mandare il telegramma a Gina.

È importante mandarglielo.

1. Gli studenti possono scrivermi la lettera.[*]

_____

_____

2. Noi ti possiamo fare il favore.

_____

_____

3. Tu non ci devi prestare la tua macchina.

_____

_____

4. È necessario offrire il caffè a mio zio.

_____

5. Io voglio mandare i soldi a mio figlio.

_____

_____

6. Loro non devono comprarti le scarpe.

_____

_____

7. Voi avete bisogno di spiegarci il problema.

_____

D. Quiz. Answer using double object pronouns.

1. Lei mi chiede i soldi?

_____

2. Tu mi canti le canzoni messicane?

_____

[*] Give two responses when you see two lines.

Double Object Pronouns

3. Volete darci il vostro cappello? (*two answers*)

_____

_____

4. Gli studenti portano regali al professore?

_____

5. Il cameriere ti serve la birra?

_____

6. Preferisci comprare i fiori alla tua ragazza?

_____

7. Lei ci spiega la grammatica?

_____

8. Il dottore dice la verità ai pazienti?

_____

9. Mi presti il tuo zaino?

_____

10. Lei mi può mandare le cartoline?

_____

_____

E. Quiz. Translate.

1. The money? I am giving it to him.

_____

2. Our new boat? We can lend it to her. (*two ways*)

_____

_____

3. The long letters? They are writing them to me.

_____

Double Object Pronouns

4. The expensive gift? She is sending it to us.

_____

5. Our problem? We are explaining it to you (*form.*).

_____

6. The pasta? Are you (*pl.*) serving it to her?

_____

7. The truth? He is telling it to you (*fam.*).

_____

8. His French dictionaries? He is bringing them to me.

_____

9. The package? She is sending it to us.

_____

10. The situation? I am describing (*descrivere*) it to you (*form.*).

_____

11. The Italian wine? They are not bringing it to you (*fam.*).

_____

12. The Lexus? We are buying it for them. (**Note**: all *cars* are feminine in Italian)

_____

13. The money for my trip to Tahiti? I am asking them for it.

_____

14. The romantic poems? They cannot write them for us. (*two ways*)

_____

_____

Double Object Pronouns

Double Object Pronouns

28 COMMANDS: *TU, NOI, and VOI*

Commands or imperative (*l'imperativo*) are used to ask or tell someone to do something. You may have already heard some of the following commands in class:

Ripetete! *Repeat!* **Ascoltate!** *Listen!**

Commands with *noi* and *voi*

Commands with **noi** and **voi** are just like the forms of the present indicative:

Scriviamo! *Let's write!* **Parlate italiano!** *Speak Italian!*

The context clarifies the distinction between the command and the indicative. Compare:

Noi studiamo geografia. *We are studying geography.*
Studiamo geografia! *Let's study geography.*
Andate a scuola? *Are you going to school?*
Andate a scuola! *Go to school!*

A. Translate. Use present tense or command as appropriate.

1. We are sleeping. _____
2. Are you (*pl.*) eating? _____
3. Let's go! _____
4. Let's not work! _____
5. Are you (*pl.*) doing your homework?

_____

6. Let's do the homework! _____
7. Do the homework! _____
8. Work (*pl.*) ! _____

Commands with *tu*

Affirmative commands with **tu** are just like the present indicative except that in the -**are** verbs the ending is in **a**:

Studia! *Study!* **Finisci!** *Finish!* **Bevi!** *Drink!*

---

* The exclamation mark does not have to be expressed.

Commands: Tu, Noi, *and* Voi

Negative commands with **tu** use the infinitive* preceded by **non**:
Non studiare! *Don't study!* **Non finire!** *Don't finish!* **Non bere!**
Don't drink!

B. Change from affirmative to negative. As you do the exercise, review he meaning for yourself.
Example: <u>Parla!</u> *Non parlare!*

1. Balla! _____

2. Lavora! _____

3. Parti! _____

4. Suona! _____

5. Vedi! _____

6. Ripeti! _____

7. Pulisci! _____

8. Dormi! _____

Irregular commands

avere	essere
(tu) abbi	(tu) sii
(noi) abbiamo	(noi) siamo
(voi) abbiate	(voi) siate

- The command of **tu** with **andare**, **dare**, **fare**, and **stare** is irregular: Both forms are acceptable.

andare: *va'* or *vai*
dare: *da'* or *dai*
fare: *fa'* or *fai*
stare: *sta'* or *stai*
- The familiar command of **dire** is *di'*

---

* The infinitive as a command is used only with **tu** and only in the **negative**.

Commands: Tu, Noi, *and* Voi

C. Change from affirmative to negative commands. As you do the exercise, review the meaning for yourself.

Examples: *Abbiate pazienza*! <u>Non abbiate pazienza!</u>

Sii bravo! <u>Non essere bravo!*</u>

1. Va' a casa! _____

2. Siamo puntuali! _____

3. Sta' qui! _____

4. Fa' la domanda! _____

5. Abbi pazienza! _____

6. Da' i soldi! _____

7. Siate gentili! _____

8. Abbiate fretta! _____

9. Di' la verità! _____

10. State a casa! _____

Pronouns with Commands

Reflexive, direct, and indirect object pronouns are attached to the commands with **tu**, **noi**, and **voi:**

Cantala! Sing it!

Non cantarla! Don't sing it!

Scrivetegli! Write to him!

Non scrivetegli! Don't write to him!

Alziamoci! Let's get up!

Non alziamoci! Let's not get up!

Fa', da', da', va', and **sta'** drop the apostrophe when they add a pronoun. They also double the first consonant of the pronoun (except for **gli**):

Fammi il favore! Dilla! Dacci la macchina! Fagli il favore!

---

* Remember that the negative command with **tu** uses the infinitive.

Commands: Tu, Noi, *and* Voi

D. Translate into English.

Examples: *Cantala!*
Sing it!*
Non mangiarlo tutto!
Don't eat it all!

1. Scrivetemi! _____

2. Alzati! _____

3. Rispondeteci! _____

4. Fallo! _____

5. Non scriverla! _____

6. Suoniamolo! _____

7. Prendetela! _____

8. Bevilo! _____

9. Siedetevi! _____

10. Dammela! _____

11. Non risponderle! _____

E. Translate into Italian

1. Sit down! (*voi*) _____

2. Give it to me! (*tu*) _____

3. Answer us! (*tu*) _____

4. Don't smoke! (*voi*) _____

5. Let's drink! _____

6. Get up! (*tu*) _____

7. Get up! (*voi*) _____

8. Don't get up! (*tu*) _____

9. Don't get up! (*voi*) _____

10. Don't put make up on! (*tu*) _____

---

* You may want to review reflexive, direct, and indirect pronouns before doing this exercise.

Commands: Tu, Noi, *and* Voi

F. Quiz. Translate. Use commands with **tu, noi,** or **voi** as appropriate.

1. Buy (*tu*) the car. Buy it now.

_____

2. Go (*voi*) to school. Go every day.

_____

3. Don't go (*tu*) out tonight.

_____

4. Come (*voi*) here on Friday.

_____

5. Let's sell our house. Let's sell it now.

_____

6. Sell (*tu*) your motorcycle. Sell it today.

_____

7. Leave (*uscire, voi)* now.

_____

8. Start (*voi*) your lessons. Start them now.

_____

9. Put (*tu)* the pen on the table. Don't put it in your coffee.

_____

10. Sleep (*voi*) seven hours, but don't sleep in class.

_____

11. Don't look (*cercare, tu*) for us today. Look for us tomorrow.

_____

12. Let's order the steak and eat it here.

_____

Commands: Tu, Noi, *and* Voi

13. Don't bring (*voi*) us your problems. Don't ever (*mai*) bring them to us.

_____

14. Take (*tu*) two aspirins and <u>don't</u> call me in the morning.

_____

15. Let's think about it.

_____

16. Let's prepare the dinner for Mary. Let's prepare it for her.

_____

17. Tell (*voi*) us you number. Tell it to us now.

_____

18. Explain (*tu*) the grammar to the students, but don't explain it to them
in Greek (*greco*).

_____

29 COMMANDS with *LEI*

Commands with **Lei**[*] are used to ask or tell someone to do something in a formal or polite way.

- Verbs in -**are** use "**i**" as their ending:
    cant**are**→ cant**i**
    ball**are**→ball**i**
- Verbs in -**ere** and -**ire** use "**a**" as their ending:
    scriv**ere**→ scriv**a**
    ripet**ere**→ripet**a**
    dorm**ire**→ dorm**a**
    fin**ire**→finis**ca**

Irregular Commands with *Lei*

andare[**]	vada	*avere*	abbia
bere	beva	*dare*	dia
dire	dica	*essere*	sia
fare	faccia	*sapere*	sappia
venire	venga	*stare*	stia
uscire	esca		

A. Translate into English.

Examples: Balli! *Dance!*
Ripeta! *Repeat!*
Beva! *Drink!*

1. Telefoni! _____

2. Dica tutto! _____

---

[*] In traditional Italian the plural formal command would be with **Loro:** *Cantino! Ballino!* etc. In modern Italian both familiar and formal plural command are expressed with **voi:** *Ballate! Cantate!* etc. In essence, the command for **voi** is the plural for both the command for **tu** and the plural command for **Lei**.
[**] Note that **andare, bere, fare, dire, venire,** and **uscire** use the "io" form of the present indicative as the root for the command with **Lei:** vado-vada, bevo-beva, etc.

3. Sappia i verbi! _____

4. Abbia pazienza! _____

5. Scriva bene! _____

6. Vada a casa! _____

7. Parta subito! _____

8. Non fumi! _____

9. Studi il vocabolario! _____

10. Finisca la cena! _____

11. Faccia il viaggio! _____

12. Stia qui! _____

13. Sia puntuale! _____

14. Legga il libro! _____

15. Esca subito! _____

B. Translate into Italian. Use the command with **Lei**.

1. Say everything. _____

2. Go out now. _____

3. Repeat. _____

4. Be patient. _____

5. Finish your homework. _____

6. Stay here. _____

7. Speak clearly (*chiaramente*). _____

8. Don't speak fast. _____

9. Sing. _____

10. Write in Italian. _____

Pronouns with Commands with *Lei*

Reflexive, direct, and indirect object pronouns are placed before the verb.

Gli scriva! Lo faccia! Mi dica! Non ci telefoni! Non si sieda qui!

C. Translate into English.

1. Le parli! _____

2. Si alzi! _____

3. Ci scriva in inglese! _____

4. Mi spieghi la situazione! _____

5. A Franco? Gli telefoni subito! _____

6. Ai professori? Gli faccia il favore! _____

7. Mi dia il Suo passaporto! _____

8. Si metta il cappello! _____

9. Non si trucchi qui! _____

10. Non si preoccupi! _____

D. Translate into Italian. Use the command with **Lei**.

1. Write to me now. _____

2. Don't get up. _____

3. Put on your jacket. _____

4. Speak to her. _____

5. Do us the favor. _____

6. Give him your passport. _____

7. Tell me your name _____

8. Send us the letter. _____

9. Don't worry. _____

10. The restaurant? Recommend it to them.

_____

E. Quiz. Translate. Use commands with *Lei*.

1. Don't buy the car now. Buy it later.

_____

2. Go to work.

_____

3. Enjoy yourself.

_____

4. Don't go out tonight.

_____

5. Come here tomorrow.

_____

6. Get up.

_____

7. Don't sell your Italian book now. Sell it next semester.

_____

8. Don't call us at three a.m.

_____

9. Take off your jacket.

_____

10. Start your lessons. Start them now.

_____

11. Put the money in your pocket (*tasca*).

_____

12. Put on your shoes.

_____

13. Sleep nine hours, but don't sleep in the day.

_____

14. Sell your house.

_____

Commands with Lei

15. Order the pasta and eat it here.

_____

16. Wake up.

_____

17. Don't bring us your problems.

_____

18. Take two aspirins and call me in the morning.

_____

19. Don't take a trip to Iraq.

_____

20. Finish your dinner.

_____

TIP : *When you use the command forms, it's always a good idea to complete them with "per favore." It may be that your tone of voice sounds "bossy". "Per favore" insures politeness.*

Commands with Lei

30 CONDITIONAL

- The conditional in English uses the auxiliary "would" and the verb. The "condition" is often expressed but sometimes it is implied:

    I would* go with you to Iran, but I am very busy.
    Gina said she would be here this evening.

- The present conditional (*il condizionale presente*) has a number of similarities to the future. It is formed by using the infinitive as the stem and adding the following endings: **-ei, -esti, -ebbe, -emmo, -este, -ebbero.** In the -**are** group, the "**a**" changes to "**e**". The endings are the same for all the three conjugations.

Conditional

parlare	*scrivere*	*dormire*
io parler**ei**	io scriver**ei**	io dormir**ei**
tu parler**esti**	tu scriver**esti**	tu dormir**esti**
Lei parler**ebbe**	Lei scriver**ebbe**	Lei dormir**ebbe**
lui, lei parler**ebbe**	lui, lei scriver**ebbe**	lui, lei dormir**ebbe**
noi parler**emmo**	noi scriver**emmo**	noi dormir**emmo**
voi parler**este**	voi scriver**este**	voi dormir**este**
loro parler**ebbero**	loro scriver**ebbero**	loro dormir**ebbero**

A. Write the correct form of the subject pronoun.

    Example: <u>io</u> canter**ei**

1. _____ studier**ei** 2._____ lavorer**esti**
3._____, _____, _____ canter**ebbe****
4._____, _____, _____ finir**ebbe**
5. _____ mi alzer**ei** 6._____ insegner**ebbero**
7._____ capir**emmo** 8._____ parler**esti**

---

* Note that this is not the imperfect "would" (used to) as in "Every night I would go to sleep at ten."
** If three spaces are provided, you need to add three subject pronouns.

Conditional

9._____ pratichereste 10._____ pagher**emmo**

11._____ ritorner**ebbero** 12._____ frequenter**ei**

13._____ baller**ebbero** 14._____ arriver**este**

15._____, _____, _____ dar**ebbe**

B. Complete the verbs with the appropriate conditional ending.

Example: io parl**erei**

1. io canter_____ 2. voi baller_____

3. noi cercher_____ 4. loro pagher_____

5. tu ritorner_____ 6. lui lavorer_____ 7. loro praticher_____

8. noi dormir_____ 9. lui far_____ 10. lei affitter_____

C. Give the conditional.

Examples: noi- parlare- *parleremmo*

tu- scrivere- *scriver**esti***

1. io-cantare _____ 2. lui-ballare _____

3. loro-dormire _____ 4. tu-pagare _____

5. voi-insegnare _____ 6. lei-viaggiare _____

7. noi-comprare _____ 8. loro-suonare _____

9. tu-ripetere _____ 10. Lei-preferire _____

Irregular Conditionals

The only irregularities in the conditional appear in the stem. The irregular stems for the conditional are exactly the same as those for the future.

essere- sarei, saresti, sarebbe, etc.	**avere**-avrei, avresti, avrebbe, etc.
dare- darei, daresti, darebbe, etc.	**dovere**-dovrei, dovresti, dovrebbe, etc.
fare-farei, faresti, farebbe, etc.	**potere**-potrei, potresti, potrebbe, etc.
stare-starei, staresti, starebbe, etc.	**bere**-berrei, berresti, berrebbe, etc.
vedere-vedrei, vedresti, vedrebbe, etc.	**venire**-verrei, verresti, verrebbe, etc.
andare-andrei, andresti, andrebbe, etc.	**volere**-vorrei, vorresti, vorrebbe, etc.

D. Give the conditional.

Examples: noi- vedere- ved**remmo**

tu- potere- pot**resti**

1. io-bere _____ 2. lui-venire _____

3. loro-stare _____ 4. tu-avere _____
5. voi-essere _____ 6. lei-fare _____
7. noi-andare _____ 8. loro-volere _____

E. Quiz. Write the conditional.

1. stare	tu		loro
2. suonare	io		noi
3. insistere	lei		voi
4. alzarsi	noi		lui
5. fare	voi		io
6. dovere	Lei		tu
7. uscire	noi		loro
8. dire	tu		voi
9. andare	lei		lui
10. avere	io		noi

F. Quiz. Translate.

1. We would speak Italian, but he does not understand the language.

_____

2. The student would read the entire novel for tomorrow, but it is too long.

_____

3. They would live in San Francisco, but it's too expensive.

_____

4. I would drink wine, but I would fall asleep immediately.

_____

5. You (*form.*) would have a lot of money, but you like to use your credit card too much.

_____

6. She would tell us everything, but she does not know it.

_____

7. He would put his jacket on, but it's not cold.

_____

8. You (*fam.*) would be rich, but you do not like to work twenty hours a day.

_____

9. I would leave the house at six, but I do not get up until eight.

_____

_____

10. They would give you (*pl.*) all their money, but it would not be enough to buy a Ferrari.

_____

_____

11. She would come to Europe, but she needs to finish school first.

_____

12. We would be home now, but we have to see our English instructor (*fem.*) at 1:00.

_____

13. Would you (*fam.*) go to Las Vegas by train?

_____

14. I would say something, but I am afraid to speak in front of a large group.

_____

15. She would make me a cake, but she does not have all the ingredients.

_____

31 PASSATO REMOTO

The *passato remoto* (remote past) is used to express completed past actions. It's used in history, literature, and to a lesser extent in spoken language.

cantare	ricevere	capire
io cantai	io ricevei	io capii
tu cantasti	tu ricevesti	tu capisti
Lei cantò	Lei ricevè	Lei capì
lui, lei cantò	lui, lei ricevè	lui, lei capì
noi cantammo	noi ricevemmo	noi capimmo
voi cantaste	voi riceveste	voi capiste
loro cantarono	loro riceverono	loro capirono

A. Write the correct form of the subject pronoun.

Example: io cantai

1. _____ studiai   2. _____ lavorasti

3._____, _____, _____ cantò*

4._____ , _____ , _____ finì

5. _____ mi alzai   6. _____ insegnarono

7._____ capimmo   8. _____ parlasti

9._____ praticaste   10. _____ pagammo

11._____ ritornarono   12. _____ frequentai

13._____ ballarono   14. _____ arrivasti

15._____ mangiaste

B. Complete the verbs with the appropriate ending.
Example: io parlai

1. io canta_____   2. voi balla _____

3. noi cerca _____   4. loro paga_____

---

* If three spaces are provided, you need to add three subject pronouns.
Passato Remoto

5. tu ritorna_____ 6. lui lavor_____ 7. loro pratica_____

8. noi dormi_____ 9. lui visit_____ 10. lei affitt_____

11. voi fini_____ 12. tu vede_____

C. Give the *passato remoto*.

Examples: noi- parlare-parl**ammo**

tu- scrivere-scriv**esti**

1. io-cantare _____ 2. lui-ballare _____

3. loro-dormire _____ 4. tu-pagare _____

5. voi-insegnare _____ 6. lei-viaggiare _____

7. noi-comprare _____ 8. loro-suonare _____

9. tu-ripetere _____ 10. Lei-preferire _____

IRREGULAR *PASSATO REMOTO*

avere
io **ebbi**
tu avesti
Lei, lui, lei **ebbe**
noi avemmo
voi aveste
loro **ebbero**

The pattern with **avere** is sort of a 1-3-3-, that is to say, the first (*io*), the third person singular (*Lei, lui, lei*), and the third person plural (*loro*) are irregular. The other forms are regular. Here are three others that have the same pattern.

	chiedere	*conoscere*	*decidere*
1	io **chiesi**	io **conobbi**	io **decisi**
	tu chiedesti	tu conoscesti	tu decidesti
3	Lei, lui, lei **chiese**	Lei, lui, lei **conobbe**	Lei, lui, lei **decise**
	noi chiedemmo	noi conoscemmo	noi decidemmo
	voi chiedeste	voi conosceste	voi decideste
3	loro **chiesero**	loro **conobbero**	loro **decisero**

Passato Remoto

D. Complete the missing verb forms following the pattern above.

1

leggere	*mettere*	*nascere*
lessi	**misi**	_____
leggesti	mettesti	nascesti
lesse	**mise**	**nacque**
leggemmo	mettemmo	_____
leggeste	_____	nasceste
_____	_____	**nacquero**

2

prendere	*ridere*	*rispondere*
presi	_____	**risposi**
prendesti	ridesti	_____
prese	**rise**	**rispose**
prendemmo	_____	rispondemmo
_____	rideste	_____
_____		_____

3

scrivere	*sorridere*	*vedere*
scrissi	_____	**vidi**
scrivesti	sorridesti	vedesti
_____	**sorrise**	_____
scrivemmo	_____	vedemmo
_____	sorrideste	_____
scrissero	**sorrisero**	**videro**

4

venire	*vincere*	*vivere*
venni	**vinsi**	**vissi**
venisti	vincesti	vivesti
_____	**vinse**	_____
venimmo	_____	vivemmo
_____	vinceste	_____
vennero	_____	**vissero**

Passato Remoto

E. Quiz. Write the *passato remoto*.

	io	tu	lei	loro
1. mangiare				
2. uscire				
3. fare				
4. essere				
5. dire				
6. credere				
7. pagare				

F. Quiz. Translate.

1. Dante did not study Japanese.

   _____

2. Newton ate many apples.

   _____

3. George Washington did not go to the moon.

   _____

4. Galileo did not use a telephone.

   _____

5. Millions of people died in World War II (*Seconda Guerra Mondiale*).

   _____

6. Franklin Roosevelt was born in the United States.

   _____

7. Romans did not eat ice cream.

   _____

8. Did Michelangelo drink beer?

_____

9. Europeans arrived in the Americas (*alle Americhe*) in 1492.

_____

10. Karl Marx did not write the Divine Comedy.

_____

11. Giotto was an Italian artist.

_____

12. Americans put a man on the moon.

_____

13. My grandparents were born in Italy.

_____

14. Einstein discovered the theory of relativity.

_____

15. Napoleon's soldiers (*soldati*) went to Egypt.

_____

16. The United States bought Louisiana from the French.

_____

17. American women did not vote in 1870.

_____

18. Mozart wrote many beautiful operas.

_____

Passato Remoto

19. Shakespeare did not visit China.

_____

20. Julius Caesar (*Giulio Cesare*) was a famous writer.

_____

> *TIPS:* The passato remoto *is a verb you should be able to recognize and understand. It's widely used in literature and history. It's also used in the spoken language, especially in southern Italy. However, there is a preference for using the* passato prossimo *to talk about completed actions in the past.*

32 PRESENT SUBJUNCTIVE: FORMS

- The subjunctive (*il congiuntivo*) is used when the main clause (usually the first part of the sentence) contains a verb indicating wish, possibility, doubt, denial, or emotion. The verb of the dependent clause (usually the second part of the sentence) will be in the subjunctive. In this section you will be learning the forms for the present subjunctive and its usage with some verbs of volition (wish or desire). The rest of the usage comes in the next section.

- The forms for the present subjunctive are:

-ARE	**ERE**	**-IRE**	
cantare	*vedere*	*dormire*	*capire*
io canti	io veda	io dorma	io capisca
tu canti	tu veda	tu dorma	tu capisca
Lei, lui, lei canti	Lei, lui, lei veda	Lei, lui, lei dorma	Lei, lui, lei capisca
noi cantiamo	noi vediamo	noi dormiamo	noi capiamo
voi cantiate	voi vediate	voi dormiate	voi capiate
loro cantino	loro vedano	loro dormano	loro capiscano

- Note that the endings for **io, tu, Lei, lui,** and **lei** are the same. Because the same ending is used for five subjects, it may be necessary to express the subject pronoun to clarify.

- Do the endings of the present subjunctive for **io, tu, Lei, lui,** and **lei** look familiar to you? They should. They are like the endings for the commands with **Lei.** In fact, the command and the subjunctive have similar constructions. In a command, the first part of the sentence (the main clause) is not expressed. That explains the similarity in endings between the formal command and the subjunctive.

- Note that the **noi** form is exactly like the present indicative.

Present Subjunctive: Forms

A. Write the present subjunctive (-ARE verbs). The first form of numbers 1 & 2 is given to you. You should be able to figure out the rest easily.

1. I ragazzi vogliono che io parli russo.

   " " " " Lei _____

   " " " " noi _____

2. Tuo padre vuole che tu studi molto.

   " " " " " loro _____

   " " " " " voi _____

3. Noi desideriamo che voi (ballare).

   " " voi _____

   " " tu _____

4. Non vogliono che noi (fumare) qui.

   " " " noi _____

   " " " i turisti _____

5. Mia madre non vuole che io (comprare) molti vestiti.

   " " " " " io _____

   " " " " " voi _____

6. Desiderano che lui (ritornare) domani?

   " " " lui _____

   " " " noi _____ domani?

B. Write the present subjunctive (-ERE & -IRE). The first form of numbers 1 & 2 is given to you. You should be able to figure out the rest easily.

1. I dottori vogliono che Lei dorma sette ore.

   " " " " io _____

   " " " " noi _____

2. Io non desidero che voi viviate al Polo Nord.

   " " " " i miei amici _____

   " " " " lei _____

3. Noi vogliamo che tu (scrivere) in portoghese.

   " " " tu _____

   " " " lui _____

4. I professori desiderano che voi (finire) l'esercizio.

   " " " " voi _____

   " " " " noi _____

Present Subjunctive: Forms

5. Volete che io (aprire) il regalo ora?

" " io _____

" " Gina _____

6. Suo fratello non desidera che tu (insistere) molto.

" " " " " tu _____

" " " " loro _____

IRREGULAR VERBS in the Subjunctive

	io, tu, Lei, lui, lei	noi	voi	loro
andare*	vada	andiamo	andiate	vadano
bere*	beva	beviamo	beviate	bevano
dire*	dica	diciamo	diciate	dicano
fare*	faccia	facciamo	facciate	facciano
potere*	possa	possiamo	possiate	possano
uscire*	esca	usciamo	usciate	escano
venire*	venga	veniamo	veniate	vengano
volere*	voglia	vogliamo	vogliate	vogliano
avere	abbia	abbiamo	abbiate	abbiano
dare	dia	diamo	diate	diano
dovere	debba	dobbiamo	dobbiate	debbano
essere	sia	siamo	siate	siano
sapere	sappia	sappiamo	sappiate	sappiano
stare	stia	stiamo	stiate	stiano
piacere	piaccia**			piacciano

Do the endings of the irregular subjunctive look familiar to you? They should. The are similar to the irregular commands with **Lei**.

C. Write the correct form of the present subjunctive (irregular verbs).

1. Vuoi che io ti (dare) _____ il numero di telefono del ragazzo biondo?

" " il professore ti _____

" " i miei amici ti _____

---

* The forms of starred verbs is based on the **io** form of the present indicative — **vado**, **bevo**, etc.
** Like in other tenses, **piacere** is used primarily in the third person singular and plural.

Present Subjunctive: Forms

2. Non vogliono che tu (sapere) _____ tutti i loro segreti.

  " " " noi _____

  " " " io _____

3. Non vogliamo che tu (dire) _____ bugie.

  " " " loro _____

  " " " mia figlia _____

4. I genitori desiderano che i figli (stare) _____ a casa

                alle dieci.

  " " " " " " noi _____

5. Volete che io vi (fare) _____ il favore?

  "   " " noi vi _____

  "   " " il nostro amico _____

6. Maria desidera che voi (potere) _____ fare il viaggio.

  " " " " noi _____

  " " " " tu _____

7. La madre di Giulia non vuole che io (uscire) _____ con lei.

  " " " " " noi _____

8. Francesca vuole che voi (venire) _____ alla festa.

  "   " " Dina _____

  "   " " io _____

9. Desidero che voi (andare) _____ in vacanze.

  " " " tu _____

10. Vogliono che Luisa (avere) _____ pazienza.

  " " voi _____

D. Quiz. Translate.

TIP: In each of the following sentences the infinitive is translated with the subjunctive.

 Example: *They want me to sing*. Vogliono che **io canti**.

1. They want me to speak Spanish now.

_____

2. I want you (*form.*) to write to me every week.

_____

3. The children want us to send them gifts.

_____

Present Subjunctive: Forms

4. His cousin does not want you (*fam.*) to call him at three a.m.

_____

5. Teachers want students to study a lot.

_____

6. Doctors don't want their patients to smoke.

_____

7. We want you (*pl.*) to go to France by plane.

_____

8. My mom wants me to be able to play the guitar.

_____

9. I don't want you (*pl.*) to drink a lot.

_____

10. The teacher wants us to bring the books to class.

_____

11. His girlfriend does not want him to go out with other women.

_____

12. Her husband does not want her to see her ex-boyfriend.

_____

13. They want me to know how to swim.

_____

14. Our doctor wants us to exercise one hour a day.

_____

15. I want you (*fam.*) to meet my daughter.

_____

Present Subjunctive: Forms

33 PRESENT SUBJUNCTIVE: USAGE

Subjunctive: Usage

- The present tense you learned in the first part of your course is part of the **indicative mood**, which also includes a number of other tenses, such as the *passato prossimo*, imperfect, future, etc. All the indicative tenses have one thing in common: they all indicate **facts**—in the present, past, or future.

- **The subjunctive**, of which you have learned the forms for the present tense, indicates things that may or may not happen. The subjunctive deals with emotions, possibilities, or things we want or hope other people will do. Compare the following sentences:

      1. *I ate the entire pizza.*

      2. *My father does not want me to eat the entire pizza.*

In example # 1, it is obvious how much pizza I ate. In example # 2, it's not. I may decide to eat all the pizza or do what my father wants.

- The present subjunctive is used when the **main clause** (usually the first part of the sentence) ("My father wants" in example #2 above) **contains a verb indicating wish, desire, doubt, possibility, need,** or **emotion.** The verb in the main clause acts as a "trigger" for the subjunctive. Note the **change** of subject in the main clause (**they**) and (**you**) in the subordinate clause in "**a.**"

      a) *Vogliono che Lei lavori.*

          <u>They want you to work</u>.

      b) *Desideriamo che tu canti.*

          <u>We wish that you would sing.</u>

      c) *Dubito che voi abbiate un milione di dollari.*

          <u>I doubt you have a million dollars.</u>

      d) *Sono contenta che voi siate qui.*

          <u>I am glad that you are here.</u>

Present Subjunctive: Usage

- The verb in the subjunctive denotes something that may or may not happen (exception: when the "trigger" is an emotion; in example "d," the action expressed by the subjunctive is indeed true).

Subjunctive with Verbs of Influence

The subjunctive is used with verbs of influence, i.e., verbs meaning that someone wants someone else to do something. These verbs include *desiderare, volere, insistere, avere bisogno di, dire, ordinare, chiedere, permettere, preferire, proibire, raccomandare, etc.* Generalizations of influence such as *è necessario, è importante, è urgente, è preferibile*, etc., also trigger the subjunctive.

A. Fill in the correct form of the present subjunctive. As you do the exercise, pay special attention to the "trigger" for the subjunctive which is given to you in bold face.

1. La professoressa **vuole** che gli studenti (arrivare) _____ a tempo.

2. I genitori **insistono** che i figli (ritornare) _____ a casa presto.

3. Il mio dottore non **raccomanda** che io (mangiare) _____ molta carne.

4. Il generale **ordina** che i soldati (*soldiers*) (andare) _____ al fronte (*front*).

5. Il cliente **chiede** che la cameriera gli (portare) _____ il cibo subito.

6. La legge (*law*) non **permette** che tu (rubare) _____ .

7. La madre di Dino **preferisce** che lui (diventare) (*become*) _____ avvocato.

8. Noi **desideriamo** che voi (sapere) _____ tutta la verità.

9. **È importante** che il presidente (spiegare) _____ la situazione politica.

Present Subjunctive: Usage

10. **È urgente** che io (dare) _____ l'esame finale.

11. **È preferibile** che Lei (uscire) _____ di casa presto.

12. **È necessario** che io (imparare) _____ il congiuntivo.

Subjunctive with Expressions of Emotion

Expressions of emotion also trigger the subjunctive. Some of these include *sperare* (to hope), *avere paura* (to be afraid), *temere* (to fear), *essere contento, essere triste, piacere, dispiacere* (to regret, to be sorry), *sorprendere* (to be surprised)*, etc. Generalizations of emotion such as *è terribile, è peccato* (it's a pity, it's a shame), *è strano,* (it's strange), *è bene, è male, è meglio*, also trigger the subjunctive.

B. Fill in the correct form of the present subjunctive. As you do the exercise, pay special attention to the "trigger" for the subjunctive which is given to you in bold face.

1. **Spero** che mio padre (vincere) _____ la lotteria.

2. **È peccato** che io non (potere) _____ comprare una BMW.

3. **Abbiamo paura** che l'esame (essere) _____ difficile.

4. **Mi sorprende** che la classe alle otto (avere) _____ molti studenti.

5. A mia madre **piace** che noi (ricevere) _____ "A" nella classe di matematica.

6. **Che strano** che il professore (arrivare) _____ in anticipo.

7. Ci **piace** che la classe (essere) _____ divertente.

8. **È male** che molte persone (fumare) _____ .

---

* "To be surprised" translates as "mi sorprende, ti sorprende, gli sorprende" (It's surprising to me, It's surprising to you, etc.). In essence, the English subject is given in Italian with the indirect object pronoun. The verb is always "sorprende."

Present Subjunctive: Usage

9. I giornalisti **sperano** che il presidente gli (concedere) *(grant)*

_____ un'intervista esclusiva.

10. **È terribile** che io sempre (avere) _____ molti compiti.

Subjunctive with Expressions of Doubt and Uncertainty

Expressions of doubt and possibility such as *dubitare* (to doubt), *non essere sicuro, crede*re, *non è vero*, è possibile, è impossibile, è probabile*, also trigger the subjunctive.

C. Fill in the correct form of the present subjunctive. As you do the exercise, pay special attention to the "trigger" for the subjunctive which is given to you in bold face.

1. **Non credono** che io (potere) _____ mangiare la pizza intera.

2. **Non sono sicuro** che Lei (alzarsi) _____ alle tre di mattina.

3. **Non è vero** che il presidente della Francia (essere) _____
   Johnny Depp.

4. **È possibile che** i medici (guadagnare) _____ pochi soldi.

5. **Dubitiamo** che i politici (dire) _____ la verità.

6. **Non è probabile** che voi (andare) _____ a New York
   in bicicletta.

7. **È impossibile** che noi (leggere) _____ <u>Hamlet</u> in tre minuti.

Subjunctive After Conjunctions

The following conjunctions of contingency or purpose will trigger the subjunctive.

> *prima che* (before someone doing something), *a meno
> che* (unless), *purché, a condizione che* (provided that),
> *affinché, perché* (so that), *senza che* (without someone
> doing something), *benché, sebbene* (although).

---

* *È vero, è certo, è evidente* will be followed by the indicative. *È vero che Roma è la capitale d'Italia.*

Vengo al cinema a condizione che tu paghi i biglietti.

   I'll come to the movies provided you pay for the tickets.

Studiamo molto prima che arrivi la data dell'esame.

   We study a lot before the date of the exam arrives.

Non comprano la Ferrari a meno che non vincano la lotteria.

   They won't buy the Ferrari unless they win the lottery.

Preparo la cena affinché voi mangiate.

   I prepare dinner so that you may eat.

Note that the events in subordinate clause have not taken place and may or may not take place.

D. Fill in the correct form of the present subjunctive. As you do the exercise, pay special attention to the "trigger" for the subjunctive which is given to you in bold face.

1. È importante arrivare al teatro **prima che** lo spettacolo (cominciare)

   _____.

2. Facciamo il lavoro bene **purché** voi lo (spiegare) _____
   chiaramente.

3. I genitori possono dormire fino a tardi **a meno che** il bambino non li
   (svegliare) (*wakes them*) _____.

4. Il cameriere ci porta il cibo subito **affinché** noi (potere)
   _____ mangiare in fretta.

5. Il ragazzo esce di casa **senza che** suo padre lo (vedere)

   _____.

Subjunctive After Non-Existing and Uncertain Antecedents

The subjunctive is also used when the antecedent is either indefinite or non-existent:

*Ci sono ristoranti italiani dove serv**ono** pasta al dente.*

   There are restaurants where they serve pasta al dente.

   (antecedent exists=indicative)

*Non ci sono ristoranti che serv**ano** pizza per colazione.*

   There are no restaurants where they serve pizza for breakfast.

   (antecedent non-existent)

Present Subjunctive: Usage

*Cerco un medico che **sappia** parlare portoghese.*

<u>I am looking for a doctor who knows how to speak Portuguese.</u>

(uncertain if such a doctor can be found)

*Cerco il medico che **sa** parlare spagnolo.*

<u>I am looking for the doctor who knows how to speak Spanish.</u>

(the doctor exists)

E. Fill in the correct form of the present subjunctive.

1. Ho bisogno di un compagno che (venir) _____ in Europa con me.

2. In questa università non c'è nessun professore che (sapere) _____ parlare giapponese molto bene.

3. In tutto il negozio non c'è una camicia che ti (piacere) _____?

4. Non conosciamo nessuno che (potere) _____ completare l'esame finale in dieci minuti.

5. Cerchiamo dei libri che (avere) _____ informazione sul Portogallo.

6. Non conoscono nessuno che (suonare) _____ il pianoforte con i piedi. (*feet*).

TIPS

1. The Italian subjunctive can be expressed in English with an infinitive, an indicative, a subjunctive, a future, or a verb preceded by the auxiliary "may", depending on the meaning.

2. You have noticed that the subjunctive is used in sentences with two subjects:

Loro desiderano che **voi** siate in classe.

If the subjects are the same in both parts, then the infinitive is used.

Loro desiderano essere in classe.

3. In many cases, the difference between the indicative and the subjunctive involves just a minor change in vowel. Compare:

- *Fabio parla. Voglio che Fabio parli.*

- *Gino ripete. Insistiamo che Gino ripeta.*

Present Subjunctive: Usage

F. Quiz. Translate.

1. I don't want you (*fam.*) to arrive late.

_____

2. The doctor (*masc.*) tells me not to smoke.

_____

3. It's important that we go on vacation.

_____

4. It's important to go on vacation.

_____

5. The tourists ask us to take (*portare*) them to the airport.

_____

6. They are surprised that I can eat and speak at the same time.
   (*allo stesso tempo*).

_____

7. The president is not happy that reporters want to know everything.

_____

8. How strange that there is an elephant in the swimming pool (*piscina*).

_____

9. It's terrible that the teacher always gives us homework.

_____

10. It's evident that you (*pl.*) finished your lessons.

_____

Present Subjunctive: Usage

11. It's not true that doctors write clearly (*chiaramente*).

_____

12. It's impossible for my daughter to read a novel in thirty minutes.

_____

13. We don't know anyone who can speak French, Spanish, and German with his dog.

_____

14. Are you (*form.*) looking for the student who knows how to play the guitar?

_____

15. John's wife works so that he can study medicine at the university.

_____

16. The secretary comes to the office provided that his boss make coffee in the morning.

_____

17. They are going to the bank as soon as it opens.

_____

18. We are sad that Sofia is in the hospital.

_____

19. It bothers me (*mi disturba*) that you (*fam.*) always ask me for money.

_____

20. His mother prohibits him to drive her Maserati.

_____

Present Subjunctive: Usage

34 PAST SUBJUNCTIVE

- The past subjunctive (*il congiuntivo passato*) is formed with the present subjunctive of **avere** or **essere** and the past participle.
- The past subjunctive is used when the verb in the main clause "triggers" the subjunctive *and* the verb in the subordinate clause is in the past.

    Dubito che Pina abbia mangiato tutta la pizza.

    <u>I doubt that Pina ate the entire pizza.</u>

    Non è probabile che la professoressa sia entrata dalla finestra.

    <u>It's not likely that the professor entered through the window.</u>

- When **essere** is the helping verb, the past participle agrees with the subject, just like in the *passato prossimo*. (**TIP**: You may want to review the *passato prossimo* before doing the exercises in this section).

    Crediamo che le ragazze siano uscite un'ora fa.

    <u>We believe that the girls left an hour ago.</u>

past subjunctive

io abbia cantato	io sia andato-a
tu abbia cantato	tu sia andato-a
Lei abbia cantato	Lei sia andato-a
lui, lei abbia cantato	lui, lei sia andato-a
noi abbiamo cantato	noi siamo andati-e
voi abbiate cantato	voi siate andati-e
loro abbiano cantato	loro siano andati-e

A. Write the correct form of the past subjunctive.

1. Non credono che io abbia parlato con il presidente ieri.

    " " tu _____

    " " Lei _____

2. Non è probabile che loro abbiano bevuto tequila nel ristorante cinese.

   "   "   " io   _____

   "   "   " lei _____

3. Sono contenti che non abbiamo visto quel terribile programma.

   "   "   " voi non _____

   "   "   " noi non _____

4. Non è vero che loro abbiano finito i compiti nel laboratorio.

   " " " " lei _____

   " " " " voi _____

5. È possibile che tu sia uscita di casa alle cinque di mattina.

   "   "   " Franca _____

   "   "   " i ragazzi _____

6. Non è probabile che voi abbiate ballato il cha-cha-cha in classe.

   " " "   " la professoressa _____

   " " "   " tu _____

7. È incredibile che Giulio abbia scritto una poesia in venti minuti.

   "   "   " voi _____

   "   "   " loro _____

8. Mi dispiace che voi non siate venuti alla festa.

   "   "   " tua cugina non _____

   "   "   " i tuoi amici non _____

B. Write the correct form of the past subjunctive. You may want to review the *passato prossimo* with *avere* and *essere* before proceeding with this exercise.

    Examples: Credono che io (suonare) <u>abbia suonato</u> la chitarra.

              È possibile che la signora (uscire) <u>sia uscita</u>.

  1. È possibile che mio padre (comprare) _____
     la macchina.

  2. Dubitano che io *(masc.)* (stare) _____ in Cina ieri.

  3. Non è certo che voi (visitare) _____ molti musei.

  4. Ci dispiace che le tue amiche non (andare) _____.
     a Firenze.

Past Subjunctive

5. È probabile che Gina non (guidare) _____ una
   Ferrari.

6. È male che voi non (studiare) _____ i verbi.

7. Non è vero che loro (*masc.*) (divertirsi) _____ nella
   classe di matematica.

8. Dubitano che noi (salire) _____ al trentesimo piano
   in tre minuti.

9. Spero che loro non ti (chiedere) _____ molti soldi.

10. È bello che tu (conoscere) _____ persone
    interessanti nel tuo viaggio.

11. È impossibile che loro non (sentire) _____
    l'esplosione.

12. Dubitano che Lei (dire) _____ bugie alla psicologa.

13. Non è probabile che tu (*fem.*) (andare) _____ a San
    Francisco in bicicletta.

14. È incredibile che le ragazze non (ritornare)_____
    a Venezia.

15. Mi sorprende che tu (alzarsi) _____ alle tre di mattina.

C. Quiz. Write the past subjunctive.

Examples: viaggiare-Lei <u>abbia viaggiato</u>   Noi <u>abbiamo viaggiato</u>
            ritornare- Maria <u>sia ritornata</u>   I ragazzi <u>siano ritornati</u>

1. cantare	io		tu	
2. stare	lui		lei	
3. vedere	Lei		loro	
4. aprire	voi		tu	
5. morire	Lina		loro	
6. scrivere	noi		lei	
7. servire	voi		tu	
8. venire	io (*masc.*)		Antonia	
9. finire	tu		voi	
10. portare	Piero		lei	

Past Subjunctive

D. Quiz. Translate.

1. They don't believe I have visited Japan many times.

_____

2. It's good that they learned their lessons.

_____

3. It's not true that we ate in that awful restaurant five times.

_____

4. It's possible that he has gone out already.

_____

5. I don't think that the doctor (*fem.*) arrived on time.

_____

6. We are glad that you (*pl.*) have been to Italy and France.

_____

7. They doubt that he has done many favors for me.

_____

8. It's impossible that they have not discovered the truth yet.

_____

9. She does not believe that students have learned too many verbs.

_____

10. It's a pity that he has asked me for money again.

_____

Past Subjunctive

11. I hope they have told him the story.

_____

12. It's probable that her mother returned from Europe.

_____

13. It's not true that I (*fem.*) have been a bad student.

_____

14. It's incredible that her sons learned how to play the piano and the
      guitar in three months.

_____

_____

15. They doubt that we have not opened our gifts yet.

_____

16. I hope that they solved (*risolto)* their difficult problem.

_____

17. It's incredible that he fell many times and that he has not broken his legs
      (*le gambe*).

_____

18. I am glad that your (*fam.*) cousins wrote us some cards.

_____

TIP: *As you saw in section D, the past subjunctive may translate in English as a simple past* (ate, spoke, went, etc.) *or in some cases as a present perfect* (has eaten, has spoken, has gone, etc.).

Past Subjunctive

Past Subjunctive

35 IMPERFECT SUBJUNCTIVE

The imperfect subjunctive (*l'imperfetto del congiuntivo*) is formed by using the stem of the imperfect indicative (drop -**re** from the infinitive) and adding -**ssi, -ssi, -sse, -ste, -ssero, -ssimo**. All three conjugations use these endings.

Imperfect Subjunctive

cantare	leggere	dormire
io cantassi	io leggessi	io dormissi
tu cantassi	tu leggessi	tu dormissi
Lei, lui, lei cantasse	Lei, lui, lei leggesse	Lei, lui, lei dormisse
noi cantassimo	noi leggessimo	noi dormissimo
voi cantaste	voi leggeste	voi dormiste
loro cantassero	loro leggessero	loro dormissero

- The imperfect subjunctive is used when the verb in the main cause requires the subjunctive **and** it is a past tense or a conditional.

> *Era impossibile che io venissi a scuola a piedi.*
> It was impossible that I would come to school on foot.
> *Non ha voluto che noi dormissimo sul sofà.*
> He did not want us to sleep on the sofa.
> *Andremmo in Italia purché i miei genitori pagassero il viaggio.*
> We would go to Italy provided that my parents paid for the trip.

- Only three verbs have irregularities in the imperfect subjunctive.

Irregular Imperfect Subjunctive

essere	dare	stare
io fossi	io dessi	io stessi
tu fossi	tu dessi	tu stessi
Lei, lui, lei fosse	Lei, lui, lei desse	Lei, lui, lei stesse
noi fossimo	noi dessimo	noi stessimo
voi foste	voi deste	voi steste
loro fossero	loro dessero	loro stessero

Imperfect Subjunctive

A. Write the imperfect subjunctive. The first one is given to you. You should figure out the rest easily.

1. Dubitavano che io parlassi con il presidente.
   "   " tu _____
   "   " voi _____

2. Non abbiamo creduto che voi mangiaste enchiladas nel ristorante cinese.
   "   "   " lei _____
   "   "   " loro _____

3. Non era vero che loro studiassero poco.
   " " "   " io _____
   "   "   " noi _____

4. Era possibile che tu cantassi la mia canzone favorita.
   "   "   " loro _____
   "   "   " Gino _____

5. Sperava che loro facessero il viaggio in treno.
   "   "   io _____
   "   "   Maria ed io _____

6. Dubitavano che tuo padre andasse al lavoro in aereo.
   "   " il dottore _____
   "   " le ragazze _____

7. Speravano che io ti dessi lo zaino.
   "   "   " lei ti _____
   "   "   " noi ti _____

8. Era necessario che Fabrizio fosse qui.
   "   "   " tu _____
   "   "   " loro _____

9. Era impossibile che noi venissimo alla festa.
   "   "   " io _____
   "   "   " voi _____

10. Mi di dispiaceva che tu non potessi venire con noi.
    "   " loro _____
    "   " la tua ragazza _____

Imperfect Subjunctive

B. Write the imperfect subjunctive.

1. Era possibile che mia madre (comprare) _____
   la macchina coreana.

2. Dubitavano che io (stare) _____ a scuola il sabato.

3. Speravamo che voi non (visitare) _____ cinque paesi
   in tre giorni.

4. Ero contenta che lui (venire) _____ in Europa con te.

5. Noi faremmo il viaggio se (avere) _____
   il tempo e i soldi.

6. Gli dispiaceva che sua figlia (imparare) _____ poco
   nella classe di musica.

7. Non credevo che voi (guidare) _____ velocemente.

8. Era probabile che loro non (andare) _____ a scuola
   il giorno dell'esame finale?

9. Era un peccato che tu non (fare) _____ nulla di
   interessante.

10. È stato impossibile che loro non (sentire) _____
    il rumore.

11. Non hanno creduto che Dolores mi (dire) _____ tutti
    i suoi segreti.

12. Noi ti inviteremmo alla festa se (avere) _____ il tuo
    indirizzo.

C. Quiz. Write the imperfect subjunctive.

1. guardare	io	voi
2. capire	loro	tu
3. essere	noi	Luisa
4. scrivere	voi	io
5. fare	lui	loro
6. portare	tu	Lei
7. volere	io	noi
8. andare	loro	voi

Imperfect Subjunctive

D. Quiz. Translate.

1. They didn't believe I visited six countries in four days.

   _____

2. It was not true that we ate in that restaurant.

   _____

3. It was possible that he would buy a new car.

   _____

4. I didn't think that the doctor (*masc.*) would arrive on time.

   _____

5. We were glad that you (*pl.*) went to Italy.

   _____

6. They doubted that he would do many favors for me.

   _____

7. It was a pity that they would ask her for money.

   _____

8. We hoped they would tell him the story.

   _____

9. It was probable that her father would return from Europe with many gifts.

   _____

10. It was incredible that her sons would learn how to play the piano and the guitar in three months.

   _____

11. I hoped that they would solve their difficult problem.

_____

12. It was important for him to be able to be there.

_____

13. They did not think we did all the homework in ten minutes.

_____

14. She wanted you (*pl.*) to bring the beer to the party.

_____

15. We hoped that they would come to class on time.

_____

16. He was glad that they were nice people.

_____

17. It was impossible for you (*form.*) to know all the new vocabulary.

_____

18. We did not think he would put salt in the cake.

_____

19. The baby would sleep for ten hours provided that you (*fam.*) sang to
    him.

_____

20. I doubted that there would be an exam today.

_____

TIP: *As you noticed in the exercises, the imperfect subjunctive can translate into English with a conditional, an infinitive, or a past tense.*

36 REVIEW OF VERBS

INDICATIVE	Example	
(*indicativo*)	comprare-io	guardare-io
1. present (*presente*)	*compro*	
2. imperfect (*imperfetto*)	*compravo*	
3. *passato prossimo*	*ho comprato*	
4. future (*futuro*)	*comprerò*	
5. conditional (*condizionale*)	*comprerei*	
6. *passato remoto*	*comprai*	
SUBJUNCTIVE (*congiuntivo*)		
7. present (*presente*)	*compri*	
8. past (*passato*)	*abbia comprato*	
9. imperfect (*imperfetto*)	*comprassi*	
COMMAND (*imperativo*)	comprare	guardare
10. noi	*compriamo*	
11. voi	*comprate*	
12. tu (*affirmative*)	*compra*	
13. tu (*negative*)	*non comprare*	
14. Lei	*compri*	

Review of Verbs

B. Review of verbs. Conjugation. Write the correct form of the verbs.

INDICATIVE	leggere-tu
1. present	
2. imperfect	
3. *passato prossimo*	
4. future	
5. conditional	
6. *passato remoto*	
SUBJUNCTIVE	
7. present	
8. past	
9. imperfect	
COMMAND	leggere
10. noi	
11. voi	
12. tu (affirmative)	
13. tu (negative)	
14. Lei	

C. Review of verbs. Conjugation. Write the correct form of the verbs.

INDICATIVE	dire-Lei
1. present	
2. imperfect	
3. *passato prossimo*	
4. future	
5. conditional	
6. *passato remoto*	
SUBJUNCTIVE	
7. present	
8. past	
9. imperfect	
COMMAND	dire
10. noi	
11. voi	
12. tu (affirmative)	
13. tu (negative)	
14. Lei	

D. Review of verbs. Conjugation. Write the correct form of the verbs.

INDICATIVE	entrare-Gabriella
1. present	
2. imperfect	
3. *passato prossimo*	
4. future	
5. conditional	
6. *passato remoto*	
SUBJUNCTIVE	
7. present	
8. past	
9. imperfect	
COMMAND	entrare
10. noi	
11. voi	
12. tu (affirmative)	
13. tu (negative)	
14. Lei	

E. Review of verbs. Conjugation. Write the correct form of the verbs.

INDICATIVE	ritornare-loro (*masc.*)
1. present	
2. imperfect	
3. *passato prossimo*	
4. future	
5. conditional	
6. *passato remoto*	
SUBJUNCTIVE	
7. present	
8. past	
9. imperfect	
COMMAND	ritornare
10. noi	
11. voi	
12. tu (affirmative)	
13. tu (negative)	
14. Lei	

Review of Verbs

F. Translate.

1. I speak _____

2. I used to speak _____

3. I was speaking _____

4. I spoke yesterday _____

5. I will speak _____

6. I would speak _____

7. I have spoken _____

8. Dante spoke _____

9. They doubt I speak _____

10. They doubt I spoke/have spoken_____

11. They doubted I would speak _____

12. Let's speak! _____

13. Speak! (voi)_____

14. Speak! (tu) _____

15. Don't speak! (tu) _____

16. Speak! (Lei)_____

G. Translate.

1. You (fam.) eat_____

2. You used to eat _____

3. You were eating _____

4. You ate yesterday _____

5. You will eat_____

6. You would eat_____

7. You have eaten _____

8. Dante ate_____

9. They doubt that you eat _____

10. They doubt you ate/have eaten _____

11. They doubted you would eat _____

12. Let's eat! _____

13. Eat! (voi) _____

14. Eat! (tu) _____

15. Don't eat! (tu) _____

16. Eat! (Lei)_____

H. Translate.

1. She writes _____
2. She used to write_____
3. She was writing_____
4. She wrote yesterday _____
5. She will write _____
6. She would write _____
7. She has written _____
8. Dante wrote _____
9. They doubt that she writes _____
10. They doubt that she wrote/has written _____
11. They doubted that she would write_____
12. Let's write! _____
13. Write! (voi) _____
14. Write! (tu) _____
15. Don't write! (tu) _____
16. Write! (Lei) _____

I. Translate (use *sapere*).

1. We know _____
2. We used to know _____
3. We knew_____
4. We found out _____
5. We will know _____
6. We would know _____
7. We have known _____
8. Dante found out _____
9. They doubt that we know _____
10. They doubt we have known/knew _____
11. They doubted we would know _____
12. Let's know! _____
13. Know! (voi)_____
14. Know! (tu)_____
15. Know! (Lei) _____

J. Translate

1. They go _____
2. They used to go_____
3. They were going _____
4. They went yesterday_____
5. They will go _____
6. They would go _____
7. They have gone_____
8. Dante went. _____
9. We doubt that they go_____
10. We doubt that they went/have gone _____
11. We doubted that they would go_____
12. Let's go! _____
13. Go! (voi _____
14. Go! (tu) _____
15. Don't go! (tu) _____
16. Go! (Lei) _____

37 ANSWER KEY

1. Indefinite Articles and Gender of Nouns

A. 1.una 2.una 3.un 4.una 5.un 6.un 7.una 8.un 9.un 10.una

B. 1.un 2.una 3.una 4.un 5.una 6.una 7.un 8.una 9.una 10.una

C. 1.un 2.una 3.un 4.una 5.un 6.un 7.una 8.una 9.un 10.un 11.un
12.una 13.un 14.una 15.un 16.un 17.una 18.un 19.una 20.un

D. 1.uno 2.uno 3.un' 4.un' 5.uno 6.uno 7.un' 8.un' 9.uno 10.un'

E. 1.una 2.un 3.uno 4.un' 5.uno 6.una 7.un' 8.un 9.una 10.una

F. 1.uno studente 2.un sassofono 3.una matita 4.una casa 5.una notte
6.un giorno 7.uno zio 8.un segretario 9.un problema 10.un'isola
11.un uomo 12.un museo 13.una situazione 14.una città 15.un dottore
16.un'amica 17.un'artista 18.un libro 19.un elefante 20.un dentista

2. Plural of Nouns

A. 1.treni 2.case 3.amici 4.pizze 5.panini 6.stazioni 7.libri 8.mappe 9.classi
10.madri 1.studenti 12.insalate 13.attori 14.notti 15.dottori 16.attrici

B. 1.autobus 2.signore 3.caffè 4.dottori 5.panini 6.italiani 7.bar 8.stati 9.città
10.isole

C. 1.amici 2.dischi 3.mance 4.zie 5.farmacie 6.bugie 7.negozi 8.facce
9.dialoghi 10.paghe

D. 1.signore 2.stati 3.province 4.tedeschi 5.attrici 6.pizze 7.nazioni 8.botteghe
9.autobus 10.negozi 11.dischi 12.laghi 13.film 14.notti 15.panini 16.caffè

3. Definite Articles

A. 1.i libri 2.le case 3.le persone 4.le dottoresse 5.i professori 6.le clienti
7. i socialisti 8.i laboratori 9.le notti 10.le dentiste 11.i presidenti 12.le parti
13.le situazioni 14.le lettere 15.i caffè 16.i banchi 17.i cani 18.le banane
19.le signore 20.i supermercati

B. 1.l'amico/gli amici 2.l'aranciata/le aranciate 3.l'albergo/gli alberghi
4.l'australiano/gli australiani 5.l'animale/gli animali 6.l'argentina/le argentine
7.l'informazione/le informazioni 8.l'americano/gli americani
9.l'inglese/gli inglesi 10.l'inglese/le inglesi 11.l'aeroporto/gli aeroporti
12.l'autobus/gli autobus 13.l'occhio/gli occhi 14.l'ufficio/gli uffici
15.l'università/le università

C. 1.lo 2.lo 3.gli 4.gli 5.lo 6.lo 7.gli 8.lo 9.lo 10.gli

D. 1.le 2.i 3.i 4.le 5.la 6.l' 7.lo 8.i OR le 9.l' 10.la 11.gli 12.gli 13.le 14.il
15.le 16.i

E. 1.le dentiste 2.gli elefanti 3.i libri 4.le artiste 5.le amiche 6.i dottori 7.le città
8.le situazioni 9.gli sport 10.gli uomini 11.le donne 12.i problemi
13.i segretari 14.gli uffici 15.i giorni 16.le notti 17.le case 18.le matite
19.i sassofoni 20.gli studenti

4. Subject Pronouns

A. 1.he 2.I 3.we 4.they 5.you (form.) 6.you (pl.) 7.you (fam.) 8.she
B. 1.d 2.g 3.e 4.f 5.c 6.b 7.a 8.h.
C. 1.tu 2.Lei 3.voi 4.tu 5.voi 6.voi 7.Lei 8.tu
D. 1.lei 2.loro 3.loro 4.lui 5.noi 6.loro 7.io 8.noi
E. 1.loro 2.io 3.lei 4.Lei 5.lui 6.tu 7.noi 8.voi
F. 1.Lei 2.lui 3.voi 4.noi 5.loro 6.io 7.lei 8.tu

5. Present Tense of *Avere*

A. 1.noi 2.io 3.tu 4.voi 5.tu 6.loro 7.Lei 8.lui
B. 1.ha 2.hai 3.ha 4.hanno 5.ha 6.hanno 7.avete 8.abbiamo
C. 1.g 2.b 3.e 4.h 5. i 6.j 7.c 8.f 9.a 10.d
D. 1.ha 2.hanno 3.ha 4.abbiamo 5.hai 6.avete 7.ha 8.ho 9.ha 10.avere 11.ha
12.hanno 13.avete 14.hanno 15.ha
E. 1.Io ho molti amici. 2.Gli studenti hanno molti CD. 3.Quanti anni ha tua
nonna? 4.Lei ha paura degli esami. 5.Voi avete parenti in Italia?
6.Noi abbiamo una classe alle dieci. 7.Loro non hanno passaporti italiani.
8.Luisa ha sete. 9.Non è necessario avere dieci classi. 10.Lei ha un lavoro?
11.Loro hanno molti libri. 12.I miei genitori hanno una macchina tedesca.
13.Linda e Maria hanno biciclette. 14.Lui ha cugini in California.
15.Mia sorella ha voglia di un gelato.

6. Descriptive Adjectives

A. 1.i ragazzi alti 2.le signore basse 3.le dottoresse sincere 4.le macchine rosse
5.le case vecchie 6.le città americane 7.i dottori onesti 8.le signorine
californiane 9.i ristoranti italiani 10.i clienti spagnoli
B. 1.i ragazzi gentili 2.le signore ricche 3.i pazienti sentimentali 4.le bambine
inglesi 5.i treni bianchi 6.le strade larghe 7.le signorine giapponesi
8.i professori sensibili 9.le mense antiche 10.i ristoranti tedeschi
C. 1.alta, bionda, formale 2.bruni, sposati, intellettuali 3.grande, interessante,
affascinante, nuova 4.importante, terribile, italiana 5.francese, caro, verde
6.serie, democratiche, brevi
D 1.uomo alto 2.dottoressa ricca 3.paziente gentile 4.studente povero
5.ragazza intelligente 6.buon amico 7.edificio nuovo 8.sedia comoda
9.dizionario completo 10.povero turista 11.bella città di Firenze
12.amica vecchia
E. 1.una classe interessante 2.la vecchia amica 3.un turista simpatico
4.una sedia comoda 5.una macchina piccola 6.tre ragazze cinesi
7.un amico vecchio 8.le dottoresse italiane 9.i ragazzi biondi
10.una casa gialla 11.le discussioni importanti 12.cinque dizionari completi
13.la bella città di Siena 14.le penne verdi 15.i clienti colombiani
16.una strada lunga 17.l'edificio nuovo 18.dieci biciclette francesi
19.molta birra 20.le altre professoresse

7. Present Tense of *Essere*

A. 1.noi 2.io 3.tu 4.voi 5.tu 6.loro 7.Lei 8.lui

B. 1.è 2.sei 3.è 4.sono 5.è 6.sono 7.siete 8.siamo

C. 1.è 2.sono 3.sono 4.siamo 5.sono 6.è 7.è 8.sono 9.è 10.è 11.è 12.è
13.è 14.sono 15.sono

D. 1.Io sono di Pisa. 2.Gli studenti sono responsabili. 3.La macchina non è
vecchia. 4.La birra è per Francesco 5.Che cos'è? 6.Sono le dieci di sera.
7.Il tavolo è grande. 8.Luisa è dottoressa. 9.Non è pratico guardare televisione
dodici ore al giorno. 10.Di dov'è Lei? 11.Loro sono buoni amici. 12.I miei
genitori non sono ricchi. 13.È la macchina di Gabriella. 14.Los Angeles non è
la capitale della California. 15.Mia sorella desidera essere psicologa.

8. Present Tense of -*ARE* Verbs

A. 1.io 2.tu 3.Lei, lui, lei 4.noi 5.loro 6.io 7.noi 8.tu 9.Lei, lui, lei 10.noi
11.loro 12.io 13.tu 14.Lei, lui, lei 15.loro 16.noi

B. 1.o 2.ate 3.iamo 4.ano 5.i 6.a 7.ano 8.iamo

C. 1.canto 2.balla 3.lavorano 4.paghi 5. insegnate 6.studia 7.compriamo
8.suona

D. 1.you speak 2.he speaks 3.she speaks 4.you study 5.he pronounces
6.she pronounces 7.he practices 8.you practice 9.she buys 10.he works

E. 1.lei-she studies 2.lei-she practices 3.lei-she pronounces 4.lei-she buys
5.lui-he dances 6.lui-he desires 7.lei-she pays 8.lui-he returns 9. lei-she tells
10. lui-he plays

F. 1.studiamo 2.pratichiamo 3.pronunciamo 4.balliamo 5.lavoriamo
6.cerchiamo 7.paghiamo 8. frequentiamo 9.insegniamo 10.arriviamo

G. 1.ritornate 2.praticate 3.cantate 4.frequentate 5.parlate 6.desiderate
7.comprate 8.ballate 9.lavorate 10.pagate

H. 1.io-I study 2.tu-you work 3.Lei, lui, lei-you, s/he desire/s 4.noi-we dance
5.loro-they look for 6.io-I teach 7.tu-you speak 8.Lei, lui, lei-you, s/he
study/studies, attend/s 9.noi-we pay 10.loro- they practice 11.io-I return
12.tu-you play 13.Lei, lui, lei-you, s/he work/s 14.loro-they begin
15.noi-we look for

I. 1.parla 2.desideriamo 3.frequentano 4.pago 5.lavorano 6.suoniamo
7.insegni 8.ballate 9.cerca 10.praticate

J. 1.Il professore (la professoressa) parla francese. 2.Gli studenti studiano.
3.Frank ed io* pratichiamo. 4.Tu lavori? 5.Io non desidero parlare inglese ora.
6.Gina non canta molto bene. 7.Noi balliamo alla festa. 8.Loro ritornano a
casa. 9.Voi preparate le lezioni di mattina. 10.Giuseppe insegna di
pomeriggio. 11.Io non desidero ritornare all'università. 12.Noi cerchiamo il
laboratorio.

9. Present Tense of *Dare*, *Stare*, *Andare*, and *Fare*

A. 1.io-I go 2.tu-you do, make 3.Lei, lui, lei-you/s/he give/gives 4.noi-we stay,
are, feel 5.Lei, lui, lei-you/s/he do/does, make/makes 6.Lei, lui, lei- you/s/he
go/goes 7.io-I stay, am, feel 8.tu-you give 9.voi-you go 10.loro-they give
11.noi-we do, make 12.io-I give

---

* Subject pronouns (**io**, **tu**, **Lei**, **lui**, etc.) need not be expressed in Italian because the verb ending clarifies
who the subject is. However, you may want to use them since they will remind you of which verb ending
you need to use.

B. 1.faccio 2.dà 3.stiamo 4.fai 5.vanno 6.date 7.fai 8.fa 9.sta 10.andate
11.sto 12.fanno 13.danno 14.vai 15.fate

C. 1.Che cosa fai tu il venerdì sera? 2.A che ora va a scuola tuo fratello?
3.Noi non diamo molti regali. 4.Io sto bene oggi. 5.Luigi dà un esame di
matematica. 6.Fa freddo ora. 7.Mio nonno non va in Italia in inverno. 8.Noi
stiamo a casa. 9.Gli studenti sono curiosi. Loro fanno domande. 10.Voi date
regali per il giorno delle madri? 11.A che ora fate colazione voi? 12.Io vado
in Africa in primavera. 13.Quando vanno in biblioteca i professori? 14.Come
state voi? 15. Franca fa molte foto(grafie).

10. Possessive Adjectives

A. 1.la mia 2.la nostra 3.le Sue 4.i tuoi 5.il vostro 6.le sue 7.i vostri
8.le mie 9.il loro 10.la nostra

B. 1.i suoi gatti 2.i nostri libri 3.le vostre case 4.le loro dottoresse 5.le tue amiche
6.i miei cani 7.le nostre banche 8.le loro cugine 9.le tue classi
10.i miei clienti

C. 1.la mia/i miei 2.il suo/i suoi 3.la nostra/i nostri 4.i tuoi/i tuoi 5.il loro/i loro
6.il Suo 7.le sue 8. il tuo

D. 1-no article 2.il 3.i 4.le 5.il 6.no article 7.la 8.no article 9.la 10.i

E. 1.i miei amici 2.la Sua camicia 3.i suoi clienti 4.i loro genitori
5.la tua macchina 6.il nostro professore di francese 7.le sue classi 8.i suoi
gatti 9.il nostro presidente 10.le tue idee 11.il suo ragazzo 12.le sue scarpe
13.la mia casa 14.la loro radio 15.le sue sorelle 16.il suo cappello
17.il nostro fratellino 18.i vostri nonni 19.i suoi cani 20.le Sue domande

11. Demonstratives

A. 1.queste mense 2.questi ragazzi 3.quelle signore 4.quei bambini 5.quegli zoo
6.quelle americane 7.quegli ospedali 8.quelle situazioni 9.quegli orologi
10.quelle valige

B. 1.quell' 2.quello 3.quella 4.quel 5.quell' 6.quelle 7.quei 8.quella 9.quell'
10.quel 11.quella 12.quei

C. 1.quel vestito 2.quei ragazzi 3.questa macchina e quella 4.quegli studenti
e questi 5.quella situazione 6.queste storie 7.quella casa 8.quelle lettere e
questa 9.questi orologi 10.questa camicia 11.quegli esami 12.quello zaino
13.questa giacca e quelle 14.quelle chitarre e queste 15.questa biblioteca e
quella 16.quest'italiano e quelli 17.quell'inglese e queste 18.questi studenti e
quelli 19.questo cane e quel gatto 20.questa professoressa e quella

12. Present Tense of *-Ere* and *-Ire* Verbs

A. 1.io 2.tu 3. Lei, lui, lei 4.noi 5.loro 6.io 7.noi 8.tu 9.Lei, lui, lei 10.noi

B. 1.o 2.ete 3.iamo 4.ono 5.i 6.e 7.ono 8.iamo 9.ite 10.o

C. 1.vendo 2.apre 3.crescono 4.senti 5.preferite 6.dorme 7.riceviamo
8.insiste 9.credo 10.vive 11.perdono 12.puliamo 13.leggete 14.metti
15.chiudiamo 16.risponde

D. 1.parto 2.scrive 3.dipingono 4.perdi 5.offrite 6.segue 7.serviamo 8.insiste

E. 1.Il professore (la professoressa) mangia molto. 2.Gli studenti aprono il libro.
3.Frank ed io leggiamo. 4.Tu scrivi? 5.Io preferisco pagare in euro.
6.I bambini ricevono molti regali. 7.Noi non capiamo il tedesco. 8.Loro
scrivono in italiano. 9.Voi non vendete i vostri libri di spagnolo. 10.Gina abita
a Santa Barbara. 11.Mia figlia crede a Babbo Natale. 12.Io chiudo la porta.
13. Il presidente capisce i miei problemi? 14.Alcuni studenti insistono a
parlare inglese nella classe di francese. 15.Lui non dorme nel laboratorio di
lingue.

13. Present Tense of *Dovere, Potere, Volere, Dire, Uscire,* and *Venire*

A. 1.io 2.tu. 3.Lei, lui, lei 4.noi 5.io 6.tu 7.Lei, lui, lei 8.Lei, lui, lei
9.noi 10.voi
B. 1.puoi 2.vogliamo 3.devo 4.vogliono 5.può 6.dobbiamo 7.potete 8.vuoi
9.deve 10.possono
C. 1.Io non voglio leggere ora. 2.Noi possiamo scrivere le lettere in francese.
3.Gli studenti devono rispondere in italiano. 4.Il presidente non vuole perdere
l'elezione. 5.Mio padre ed io possiamo suonare il pianoforte. 6.Il dottore (la
dottoressa) non può venire a casa Sua. 7.Gina vuole cantare in inglese.
8.Tu puoi mangiare la pizza intera? 9.Lei deve andare a lavorare.
10.Voi volete le scarpe nuove?
D. 1.io-I go out, leave 2.loro-they come 3.Lei-you say, tell; lui, lei-he/she says
tells 4.noi-we go out, leave 5.Lei-you come; lui, lei-he/she comes 6.voi-you
say, tell 7.io-I come 8.loro-they say, tell 9.noi-we come 10.voi-you go out,
leave
E. 1.dici 2.esco 3.vengono 4.diciamo 5.viene 6.usciamo 7.dite 8.viene 9.esce
10.dicono
F. 1.Loro escono dalla stazione. 2.Lei dice la verità. 3.Noi veniamo a scuola
più tardi. 4.Lui esce di casa presto. 5.Come si dice "rabbit" in italiano?
6.Tu vieni a scuola il sabato? 7.I politici dicono bugie qualche volta.
8.Isabella esce con Giuseppe. 9.Noi diciamo "buongiorno" quando entriamo in
classe. 10.Il professore di francese non viene tardi all'università.

14. Direct Object Pronouns

A. 1.it 2.them 3.them 4.them 5.him 6.them
B. 1.Loro la comprano. 2.Giorgio li legge. 3.Tu lo vedi. 4.Noi le invitiamo.
5.I ragazzi le vogliono. 6.Voi li aspettate. 7.Loro non li vedono. 8.Il dottore
non lo aspetta.
C. 1.la 2.le 3.la 4.ci 5.ti 6.li
D. 1.lo 2.mi 3.La 4.la 5.le 6.mi
E. 1.Sì, io la invito. 2.Sì, io li chiamo. 3.Sì, io li vedo. 4.Sì, io le compro.
F. 1.Sì, io La chiamo. 2.Sì, io La aspetto. 3.Sì, io La guardo. 4.Sì, io La cerco.
G. 1.Sì, io ti aspetto. 2.Sì, io ti vedo. 3.Sì, io ti chiamo. 4.Sì, io ti ascolto.
H. 1.Sì, io vi cerco. 2.Sì, io vi ascolto. 3.Sì, io vi vedo. 4.Sì, io vi guardo.
I. 1.Sì, io la compro. 2.Sì, io le guardo. 3.Sì, noi li studiamo. 4.Sì, io ti
aspetto. 5.Sì, gli amici mi chiamano domani. 6.Sì, io lo vedo. 7.Sì, gli
studenti la aspettano. 8.Sì, noi le invitiamo. 9.Sì, io La ascolto.

10.Sì, i ragazzi li leggono. 11.Sì, io le suono. 12.Sì, i dottori ti cercano (I dottori La cercano). 13.Sì, io li voglio invitare. Sì, io voglio invitarli. 14.Sì, noi ti possiamo chiamare. Sì, noi possiamo chiamarti. (La possiamo chiamare/Possiamo chiamarLa). 15.Sì, io la devo scrivere in francese. Sì, io devo scriverla in francese.

K. 1.Io faccio il caffè e loro lo bevono. 2.Lei non ci vede e noi non la vediamo nemmeno. 3.Lui li/le guarda. 4.Tu mi chiami? Sì, io ti chiamo. 5.La professoressa? Gli studenti la aspettano ogni giorno. 6.La pizza? Noi la vogliamo mangiare ora. Noi vogliamo mangiarla ora. 7.Lui ci deve ascoltare. Lui deve ascoltarci. 8.Lei compra molti regali? Sì, io li compro. 9.La nuova canzone? Angelo la può suonare al pianoforte. Angelo può suonarla al pianoforte 10.Il giornale messicano? Gli studenti lo leggono in biblioteca.

15. *Preposizioni Articolate*

A. 1.alla 2.dei 3.sulla 4.nelle 5.dalle 6.alle 7.dei 8.dalla 9.nella 10.alle 11.sui 12.nelle 13.dai 14.al 15.nei

B. 1.all' 2.degli 3.sugli 4.negli 5.dalle 6.dell' 7.degli 8.dallo 9.nell' 10.agli 11.sullo 12.negli 13.dagli 14.agli 15.degli

C. 1.alle 2.dei 3.nei 4.dalle 5.nella 6.dall' 7.dello 8.sui 9.dall' 10.alla 11.negli 12.agli 13.dalle 14.al 15.ai 16.sui

16. *Passato Prossimo* with *Avere*

A. 1.hai lavorato, ha lavorato, abbiamo lavorato, hanno lavorato 2.ho studiato, ha studiato, abbiamo studiato, hai studiato 3.ho guardato, hai guardato, ha guardato 4.ha viaggiato, hai viaggiato, abbiamo viaggiato 5.hanno suonato, hai suonato, ha suonato

B. 1.ha avuto, abbiamo avuto, hanno avuto, hai avuto 2.ho dormito, ha dormito, abbiamo dormito, hai dormito 3.ho veduto, hai veduto, ha veduto 4.ha capito, hai capito, abbiamo capito 5.hanno pulito, hai pulito, ha pulito

C. 1.ha parlato 2.abbiamo viaggiato 3.hanno frequentato 4.ho dormito 5.hanno ordinato 6.abbiamo capito 7.hai avuto 8.avete fumato 9.ha cucinato 10.avete ricevuto

D. 1.hanno aperto 2.hai risposto 3.avete offerto 4.ha scritto 5.hanno detto 6.hai corso 7.ha deciso 8.ha perso 9.hanno letto 10.abbiamo visto 11.hai messo 12.hai chiuso 13.hanno fatto 14.abbiamo bevuto

E. 1.ho guardato, hai guardato 2.ha cantato, abbiamo cantato 3.ha visto, hanno visto 4.hanno aperto, hai aperto 5.ha fatto, avete fatto 6.abbiamo scritto, ha scritto 7.hanno servito, hai servito 8.ho suonato, ha suonato 9.hai detto, avete detto 10.abbiamo capito, ha capito

F. 1.Tu hai visitato il Giappone? 2.Loro hanno letto la lezione venti minuti fa. 3.Noi abbiamo preso il treno l'altro ieri (avantieri). 4.Lui ha già comprato una nuova macchina. 5.Lei ha già fatto molti favori. 6.Loro hanno chiesto soldi ieri. 7.Noi non abbiamo aperto i nostri regali. 8.I turisti hanno scritto delle (alcune) cartoline la settimana scorsa. 9.Il mese scorso io ho mangiato in ristoranti parecchie volte. 10.Lei non ha parlato francese questa settimana.

17. *Passato Prossimo* with *Essere*

A. 1.venuto 2.arrivati 3.uscite 4.stato 5.ritornata 6.diventato 7.rimaste 8.nati
B. 1.partita 2.stato 3.usciti 4.entrato 5.venute 6.morta 7.arrivati 8.diventate
C. 1.sono stato 2.sono nate 3.è partito 4.è diventata 5.sono usciti 6.sei entrata
7.siete rimasti 8.sono state 9.siamo venute 10.sono morti
D. 1.siamo 2.ha 3.avete 4.hanno 5.ho 6.sono 7.hanno 8.sono 9.abbiamo
10.è 11.hanno 12.sono
E. 1.Io ho studiato il francese l'anno scorso 2.Noi siamo rimasti a casa ieri sera.
3.Loro hanno visto un film spagnolo il mese scorso. 4.Gina è stata a Firenze
questo semestre 5.Gli studenti hanno letto un romanzo lungo il mese passato.
6.Noi abbiamo fatto i nostri compiti nella biblioteca. 7.Voi avete scritto una
lettera al presidente? 8.Io ho capito tutto in classe oggi. 9.Mio padre è partito
per la Russia tre mesi fa. 10.Lei ha guardato la televisione ieri sera?
11.I nostri nonni sono morti sei anni fa. 12. Noi non abbiamo bevuto vino alla
festa. 13. Il loro professore (la loro professoressa) d'italiano ha avuto una
brutta giornata ieri. 14.Suo figlio è nato nel 1998. 15.Io ho perso il mio libro
la settimana passata. 16.Tu hai ricevuto la mia e-mail? 17.La loro figlia è
diventata architetto. 18.Io ho chiuso la porta e poi sono uscito-a di casa.
19.Loro non mi hanno detto tutto. 20.Lui non ha parlato con sua madre oggi.

18. *Sapere* and *Conoscere*

A. 1.sappiamo 2.conoscono 3.sa 4.conoscere 5.sa 6.sapere 7.conosciamo 8.so
9.sai 10.sanno
B. 1.conosce/sa 2.sa/sa 3.conosciamo/sappiamo 4.sanno 5.sapete 6.conosco/so
7.sanno 8.conoscete
C. 1.Io conosco Giacomo, ma non so dove lui vive. 2.Lei vuole conoscere i miei
amici inglesi. 3.Noi sappiamo fare eccellenti lasagne. 4.Lei conosce molti
ristoranti in California? 5.Loro conoscono la Spagna, ma non sanno parlare
spagnolo. 6.Beatrice conosce Giovanni, ma non sa dove lui studia italiano.
7.Il segretario (la segretaria) sa scrivere a macchina velocemente.
8.Gli studenti conoscono la loro professoressa, ma non sanno il suo numero
di telefono. 9.Alcuni dottori conoscono i loro pazienti molto bene.
10.Noi sappiamo che il presidente è a Washington ora. 11.Dove hai conosciuto
il tuo ragazzo? 12.Loro hanno saputo che la loro professoressa
(il loro professore) è di Siena.

19. Indirect Object Pronouns

A. 1.to the poor students 2.my husband 3.the secretary 4.for the man with the
baby carriage 5.students 6.to me 7.us 8.her 9.them 10.you
B. 1.mi 2.ci 3.ti 4.Le 5.gli 6.ci 7.ti 8.vi 9.mi 10.Le
C. 1.ci 2.ti 3.mi 4.gli 5.Le/Le 6.ci 7.mi 8.gli 9.ci 10.ti
D. 1.Sì, io ti scrivo. 2.Sì, io ti parlo. 3. Sì, io ti spiego la lezione. 4.Sì, io ti do
i soldi.
E. 1.Sì, io Le mando le lettere. 2.No, io non Le dico bugie. 3.Sì, io Le presto
la mia macchina. 4.Sì, io Le servo la cena.
F. 1.Sì, io le telefono. 2.Sì, io le mando regali. 3.Sì, io gli faccio favori.
4.Sì, io gli offro un caffè. 5.Sì, io gli canto canzoni romantiche.

G. 1.Sì, io vi domando in francese. 2.Sì, io vi servo la pasta. 3.Sì, io vi do il biglietto. 4.Sì, io vi mostro le mie foto.

H. 1.Sì, loro mi domandano. 2.Sì, lei mi serve il caffè. 3. Sì, loro mi dicono la verità. 4.Sì, lei mi spiega la situazione.

I. 1.Sì, io ti scrivo in tedesco. 2.Sì, io Le presto una penna. 3.Sì, io gli parlo in portoghese. 4.Sì, io vi canto canzoni moderne. 5.Sì, i camerieri mi servono il vino. 6.Sì, la segretaria Le/ti manda fiori. 7.Sì, mio padre ci/vi fa il favore. 8.Sì, io voglio darti/darLe il mio numero di telefono. Sì, ti/Le voglio dare il mio numero di telefono. 9.Sì, noi possiamo comprarvi il regalo. Noi vi possiamo comprare il regalo. 10.Sì, io devo portarti/portarLe il menu. Sì, io ti/Le devo portare il menu. 11.Sì, io gli spiego il problema. 12.Sì, noi gli diciamo la verità.

J. 1.Gli studenti? Loro mi parlano in inglese, ma io sempre gli rispondo in spagnolo. 2.Donald Trump? Io gli mando un regalo caro. 3.Il professore ci prepara esami facili. 4.La dottoressa? Lei mi può spiegare il problema? Lei può spiegarmi il problema? 5.La segretaria? Noi le diciamo la verità. 6.La psicologa non vuole darLe il suo numero di telefono. La psicologa non Le vuole dare il suo numero di telefono. 7.Mio padre ci compra un dizionario molto buono. 8.I clienti? Il cameriere gli serve la colazione. 9.Mary? Lei vi insegna il francese. 10.Tuo cugino Jack? Io non gli presto soldi mai. 11.Monica ed io ti possiamo fare il favore. Monica ed io possiamo farti il favore. 12.Lei ci prepara la cena? 13.Mia sorella vi apre la finestra. 14.I ragazzi sempre mi fanno domande difficili. 15. Don Juan? Carmen non gli vuole dare il suo numero di telefono. Carmen non vuole dargli il suo numero di telefono.

20. Direct Vs. Indirect Object Pronouns

A. D=Direct; I=Indirect
1.money/D; to his church/I 2.our son/I; a new bike/D 3.an easy exam/D; for you/I 4.the doctor/I; a big favor/D 5.the door/D; for the children/I

B. 1.i suoi amici/D 2.le poesie/D 3.ci/I; fiori/D 4.ti/I; regali/D 5.vi/I; i favori/D 6.ti/I; bugie/D

C. 1.la 2.gli 3.li 4.le 5.gli 6.Le 7.lo 8.la 9.lo 10.le

D. 1.Francesco? Io gli parlo in classe. 2.I professori? Linda li invita. 3.La casa? I miei genitori la vendono. 4.I clienti? I camerieri gli servono le fettuccine. 5.Loro ci conoscono? 6.Le lettere? Gli studenti le mandano questo pomeriggio. 7.Il papà di Jennifer? Mio figlio ed io gli facciamo un favore. 8.I regali? Il segretario (la segretaria) li porta più tardi. 9.Loro Le aprono la porta. 10.Le poesie? Io non le voglio scrivere. Io non voglio scriverle. 11.Il caffè? È necessario farlo ora? 12.Il vino? Tu lo puoi portare alla festa? Tu puoi portarlo alla festa?

21. *Piacere*

A. 1.piace 2.piace 3.piacciono 4.piace 5.piace 6.piacciono 7.piacciono 8.piacciono 9.piacciono 10.piacciono

B. 1.ai/piace 2.alla/piacciono 3.a/piace 4.alla/piace 5.ai/piacciono 6.ai/piacciono 7.a/piace 8.ai/piace

C. 1.piaciuta 2.piaciuti 3.piaciuto 4.piaciuti 5.piaciute 6.piaciuto 7.piaciute
8.piaciuto

D. 1.Mi piace il francese, ma non mi piacciono gli esami. 2.Ti piace ballare?
3.Al tuo papà piace il vino? 4.Non ci piace cucinare, ma ci piace mangiare.
5.Le piacciono le classi grandi? 6.A Mary piacciono le canzoni italiane, ma
non le piace cantare. 7.Ci piacciono le macchine giapponesi. 8.Ai tuoi fratelli
piacciono i film dell'orrore? 9.Mi piacerebbe andare a Madrid. 10.Vi piace il
cibo cinese? 11.Alla Sua professoressa di matematica piace la birra?
12.Al presidente piacciono i giornalisti? 13.Ti sono piaciute le spiagge
messicane? 14.Non mi è piaciuta la mia classe alle otto di mattina. 15.A mia
moglie è piaciuta la festa, ma non le sono piaciuti gli spaghetti. 16.A Antonella
non sono piaciute le canzoni, ma le è piaciuto ballare.

22. Reflexive Verbs

A. 1.ti 2.ci 3.mi 4.si 5.si 6.ci 7.vi 8.si 9.mi 10.ci

B. 1.mi 2.si 3.ti 4.si 5.ci 6.si 7.si 8.mi 9.mi 10.ti 11.ti 12.ci 13.ci
14.si 15.si

C. 1.a 2.e 3.i 4.a 5.a 6.e 7.i 8.o

D. 1. ti sbagli/ti sei sbagliato 2.si veste/si è vestita 3.si siedono/si sono sedute
4.vi sposate/vi siete sposati 5.si sente/si è sentita 6.mi arrabbio/
mi sono arrabbiata 7.si diplomano/si sono diplomati 8.ti annoi/ti sei annoiata

E. 1.Linda si alza presto. 2.Noi ci laureiamo a dicembre. 3.Loro si addormentano
in classe. 4.Lui si toglie la giacca perché fa caldo. 5.Io non mi trucco nella
macchina. 6.Molti studenti si vestono in fretta. 7.Stefano preferisce sedersi
vicino Maria. 8.Voi vi siete divertiti alla festa? 9.Noi ci siamo diplomati
l'anno scorso. 10.Io mi annoio nella mia classe di filosofia. 11.Come si sente
Lei oggi? 12.Come ti chiami tu? 13.Lui non si può rilassare durante gli esami.
Lui non può rilassarsi durante gli esami. 14.I suoi genitori si sono divorziati
tre anni fa. 15.Antonio si deve mettere la cravatta la domenica. Antonio deve
mettersi la cravatta la domenica.

23. Imperfect

A. 1.guardavano/guardava 2.studiava/studiavate 3.parlava/parlavano
4.fumavi/fumavamo 5.cercavamo/cercava 6.si alzava/ti alzavi
7.viveva/vivevo 8.leggevamo/leggevate 9.finivano/finiva
10.ci divertivamo/si divertiva 11.vi sentivate/ti sentivi
12.ci vestivamo/si vestivano

B. 1.facevano 2.era 3.beveva 4.dicevi 5.faceva 6.erano 7.bevevamo
8.leggeva 9.dicevate 10.era

C. 1.arrivavo/arrivavano/arrivavate 2.leggevo/leggevano/leggevate
3.facevo/facevano/facevate 4.pulivo/pulivano/pulivate
5.ricevevo/ricevevano/ricevevate 6.bevevo/bevevano/bevevate
7.ero/erano/eravate 8.andavo/andavano/andavate

D. 1.Il sabato io sempre guardavo la televisione. 2.Quando Adriana aveva dodici
anni, lei suonava il pianoforte. 3.Da bambino, Paolo cenava presto. 4.Tu eri
distratto in classe. 5.Gabriele era malato. 6.Alcune persone leggevano molto.
7.Mentre noi andavamo a scuola, Lei andava a casa. 8.Era l'una del
pomeriggio.

9.Loro ordinavano la cena quando noi entravamo nel ristorante.
10.Quando lui era nella scuola elementare, ritornava a casa alle due del pomeriggio. 11.Mio padre fumava. 12.Voi eravate felici perché tutta la vostra famiglia era a casa. 13.I nostri nonni avevano macchine grandi. 14.Suo figlio si svegliava alle quattro di mattina quando era bambino. 15.Io bevevo latte.

24. Imperfect Vs. *Passato Prossimo*

A. 1.I 2.I 3.I 4.P 5.I 6.I 7.P 8.I 9.P
B. 1.faceva 2.cantavano 3.era 4.aveva 5.ha aspettato 6.è venuta 7.ha visto 8.voleva 9.ha chiamato 10.ha spiegato 11.era 12.si è seduto 13.hanno parlato 14.hanno programmato 15.è uscito
C. 1.erano 2.vivevano 3.studiavano 4.andavano 5.passavano 6.si sono diplomate 7.sono andate 8.ha frequentato 9.ha conosciuto 10.si sono sposati 11.ha frequentato 12.ha conosciuto
D. Erano le sette quando finalmente sono uscito di casa. Faceva freddo, ma c'era molta gente che andava al lavoro. Alle sette e trenta sono arrivato in ufficio. Il mio capo era arrabbiato. Gli ho detto che non era buona idea arrabbiarsi perché è possibile ammalarsi. Lui mi ha risposto che io ero il suo segretario e non il suo psicologo. È vero. La prossima volta che lui si arrabbia non gli do nessun consiglio. E forse mi trovo un'altro capo che mi capisce!

25. Comparisons

A. 1.più 2.meno 3.più 4.meno 5.più 6.più 7.più 8.meno
B. 1.più 2.meno 3.più 4.meno 5.più 6.più 7.più/meno 8.più
C. 1.della 2.che 3.della 4.che 5.che 6.che 7.delle 8.che 9.delle 10.di 11.che 12.che 13.che 14.dei 15.di
D. 1.meno 2.meglio 3.minore 4.peggiori 5.migliori 6.più piccole
E. 1.tanta 2.tanti 3.tante 4.tanti 5.tante
F. 1.così 2.tanto 3.tante/quante 4.così 5.tanto 6.tanto 7.come 8.tanto 9.tanto 10.quanto
G. 1.così 2.tanta 3.meno 4.che 5.più/delle 6.così 7.più/di 8.maggiore/minore 9.tante 10.quanto
H. 1.Lei parla (così) lentamente come me. Lei parla tanto lentamente quanto me. 2.Noi non beviamo meno caffè del professore di spagnolo. 3.Le macchine piccole sono meno costose delle grandi. 4.I dentisti guadagnano tanto quanto i medici? 5.Io non scrivo così velocemente come mio fratello. Io non scrivo tanto velocemente quanto mio fratello. 6.Gli esami di matematica sono più difficili degli esami di italiano. 7.Tu sei meno vecchio o più vecchio di tua sorella? 8.Le classi alle sette di mattina sono peggiori delle classi alle nove di mattina. 9.Noi mangiamo tanta pizza quanto voi. 10.Loro non hanno meno amici di me. 11.Io compro tante scarpe quanto te. 12.Noi siamo così ricchi come le nostre sorelle. Noi siamo tanto ricchi quanto le nostre sorelle. 13.È più interessante ballare che lavorare. 14.Loro mangiano più in ristoranti che a casa. 15.Lui cucina bene, ma mio padre cucina meglio. 16.Simona beve tanto caffè quanto me. 17.Il mio fratello minore studia musica. 18.Lei non dorme tanto quanto suo marito. 19.Gianni è così responsabile come Maria. Gianni è tanto responsabile quanto Maria. 20.Le donne sono più basse degli uomini.

26. Future

A. 1.parlerà/parlerai 2.studieranno/studierà 3.fumerà/fumeremo
4.suonerà/suonerò 5.alzerete/alzeremo 6.leggerò/leggerà
7.dormiranno/dormirà 8.riceveremo/riceverete 9.porterà/porteranno
10.passerò/passerai

B. 1.sarai/sarà 2.mangerete/mangeranno 3.potremo/potrà 4.berranno/berrà
5.verrò/verrà 6.avremo/avrà 7.dovrete/dovrai 8.sapremo/saprà
9.vorrete/vorranno 10.faremo/farò

C. 1.starai/staranno 2.saprò/saprà 3.fumeremo/fumerà 4.avrà/avrai
5.pagherete/pagherò 6.vedrà/vedremo 7.potrai/potranno 8.porterò/porteremo
9.verrete/verrai 10.finirà/finiranno

D. 1.Io comprerò una nuova macchina il mese prossimo. 2.Loro saranno qui
l'anno prossimo. 3.Lei vivirà in Colombia fra tre anni. 4.Lui non fumerà il
mese prossimo. 5.Tu non berrai vino in classe. 6.Noi avremo molti soldi fra
sei anni. 7.Loro capiranno il francese fra alcuni semestri. 8.La professoressa
(il professore) non porterà esami alla festa. 9.Io non dirò bugie. 10.Noi ci
alzeremo presto e poi andremo in vacanze. 11.Loro finiranno la scuola fra
quattro anni. 12.Lei passerà tre settimane in Spagna. 13.Dove lavorerete
l'anno prossimo? 14.Io scriverò una lettera al presidente. 15.Nostra sorella
non pagherà 300 dollari per un libro.

27. Double Object Pronouns

A. 1.Io te la presto. 2.Lei me la canta. 3.Tuo padre te li dà. 4.Noi ve le
serviamo. 5.Voi ce lo chiedete 6.Loro me le fanno. 7.I suoi amici ve la
offrono. 8.Il professore ce la spiega.

B. 1.Io glielo servo. 2.Voi gliela dite. 3.Noi ve li portiamo. 4.Luisa gliele manda.
5.Le ragazze gliela prestano. 6.Tu glielo fai. 7.Linda ed io gliele cantiamo.
8.La dottoressa glielo spiega. 9.Gli studenti ve li raccomandano.
10.Il presidente non ce le dice.

C. 1.Gli studenti me la possono scrivere. Gli studenti possono scrivermela.
2.Noi te lo possiamo fare. Noi possiamo fartelo. 3.Tu non ce la devi prestare.
Tu non devi prestarcela. 4.È necessario offrirglielo. 5.Io glieli voglio
mandare. Io voglio mandarglieli. 6.Loro non te le devono comprare. Loro non
devono comprartele. 7.Voi avete bisogno di spiegarcelo.

D. 1.Sì, io glieli chiedo. 2.Sì, io te le canto. 3.Sì, noi ve lo vogliamo dare. Sì, noi
vogliamo darvelo. 4.Sì, gli studenti glieli portano. 5.Sì, il cameriere me la
serve. 6.Sì, io preferisco comprarglieli. 7.Sì, io ve la spiego. 8.Sì, il dottore
gliela dice. 9.Sì, io te lo presto. 10.Sì, io Gliele posso mandare. Sì, io posso
mandarGliele.

E. 1.I soldi? Io glieli do. 2.La nostra nuova barca? Noi gliela possiamo
prestare. Noi possiamo prestargliela. 3.Le lunghe lettere? Loro me le scrivono.
4.Il regalo caro? Lei ce lo manda. 5.Il nostro problema? Noi Glielo
spieghiamo. 6.La pasta? Voi gliela servite? 7.La verità? Lui te la dice 8.I suoi
dizionari francesi? Lui me li porta. 9.Il pacco? Lei ce lo manda.

10.La situazione? Io Gliela descrivo. 11.Il vino italiano? Loro non te lo portano. 12.La Lexus? Noi gliela compriamo. 13.I soldi per il mio viaggio a Tahiti? Io glieli chiedo. 14.Le poesie romantiche? Loro non ce le possono scrivere. Loro non possono scrivercele.

28. Commands: *Tu, Noi,* and *Voi*

A. 1.Noi dormiamo. 2.Voi mangiate? 3.Andiamo! 4.Non lavoriamo! 5.Voi fate i compiti? 6. Facciamo i compiti! 7.Fate i compiti! 8.Lavorate!

B. 1.Non ballare! 2.Non lavorare! 3.Non partire! 4.Non suonare! 5.Non vedere! 6.Non ripetere! 7.Non pulire! 8.Non dormire!

C. 1.Non andare a casa! 2.Non siamo puntuali! 3.Non stare qui! 4.Non fare la domanda! 5.Non avere pazienza! 6.Non dare i soldi! 7.Non siate gentili! 8.Non abbiate fretta! 9.Non dire la bugia! 10.Non state a casa!

D. 1.Write to me! 2.Get up! 3.Answer us! 4.Do it! 5.Don't write it! 6.Let's play it! 7.Take it! 8.Drink it! 9.Sit down! 10.Give it to me! 11.Don't answer her!

E. 1.Sedetevi! 2.Dammelo! 3.Rispondici! 4.Non fumate! 5.Beviamo! 6.Alzati! 7.Alzatevi! 8.Non ti alzare! 9.Non vi alzate! 10.Non ti truccare!

F. 1.Compra la macchina! Comprala ora! 2.Andate a scuola! Andate ogni giorno! 3.Non uscire stasera! 4.Venite qui il venerdì! 5.Vendiamo la casa! Vendiamola ora! 6.Vendi la tua motocicletta! Vendila oggi! 7.Uscite ora! 8.Cominciate le vostre lezioni! Cominciatele ora! 9.Metti la penna sul tavolo! Non metterla nel caffè! 10.Dormite sette ore, ma non dormite in classe! 11.Non cercarci oggi! Cercaci domani! 12.Ordiniamo la bistecca e mangiamola qui! 13.Non portateci i vostri problemi! Non portateceli mai! 14.Prendi due aspirine e non chiamarmi la mattina! 15.Pensiamoci! 16.Prepariamo la cena per Mary! Prepariamogliela! 17.Diteci il vostro numero! Ditecelo ora! 18.Spiega la grammatica agli studenti, ma non spiegargliela in greco!

29. Commands with *Lei*

A. 1.Phone! 2.Say everything! 3.Know the verbs! 4.Be patient! 5.Write well! 6.Go home! 7.Leave at once! 8.Don't smoke! 9.Study the vocabulary! 10.Finish dinner! 11.Take the trip! 12.Stay here! 13.Be punctual! 14.Read the book! 15.Go out at once!

B. 1.Dica tutto! 2. Esca ora! 3.Ripeta! 4.Abbia pazienza! 5.Finisca i Suoi compiti! 6.Stia qui! 7.Parli chiaramente! 8.Non parli velocemente! 9.Canti! 10.Scriva in italiano!

C. 1.Speak to her! 2.Get up! 3.Write to us in English! 4.Explain the situation to me! 5.Franco? Phone him at once! 6.The professors? Do them the favor! 7.Give me your passport! 8.Put on your hat! 9.Don't put on make up here! 10.Don't worry!

D. 1.Mi scriva ora! 2.Non si alzi! 3.Si metta la giacca! 4.Le parli! 5.Ci faccia il favore! 6.Gli dia il Suo passaporto! 7.Mi dica il Suo nome! 8.Ci mandi la lettera! 9.Non si preoccupi! 10.Il ristorante? Glielo raccomandi!

E. 1.Non compri la macchina ora! La compri più tardi! 2.Vada al lavoro! 3.Si diverta! 4.Non esca stasera! 5.Venga qui domani! 6.Si alzi!

7.Non venda il Suo libro d'italiano ora! Lo venda il semestre prossimo! 8.Non ci chiami alle tre di mattina! 9.Si tolga la giacca! 10.Incominci le Sue lezioni! Le incominci ora! 11.Metta i soldi nella Sua tasca! 12.Si metta le scarpe! 13.Dorma nove ore, ma non dorma di giorno! 14.Venda la Sua casa. 15.Ordini la pasta e la mangi qui! 16.Si svegli! 17.Non ci porti i Suoi problemi! 18.Prenda due aspirine e mi chiami la mattina! 19.Non faccia un viaggio in Iraq! 20.Finisca la Sua cena!

30. Conditional

A. 1.io 2.tu 3.Lei, lui, lei 4.Lei, lui, lei 5.io 6.loro 7.noi 8.tu 9.voi 10.noi 11.loro 12.io 13.loro 14.voi 15.Lei, lui, lei

B. 1.ei 2.este 3.emmo 4.ebbero 5.esti 6.ebbe 7.ebbero 8.emmo 9.ebbe 10.ebbe

C. 1.canterei 2.ballerebbe 3.dormirebbero 4.pagheresti 5.insegnereste 6.viaggerebbe 7.compreremmo 8.suonerebbero 9.ripeteresti 10.preferirebbe

D. 1.berrei 2.verrebbe 3.starebbero 4.avresti 5.sareste 6.farebbe 7.andremmo 8.vorrebbero

E. 1.staresti/starebbero 2.suonerei/suoneremmo 3.insisterebbe/insistereste 4.ci alzeremmo/si alzerebbe 5.fareste/farei 6.dovrebbe/dovresti 7.usciremmo/uscirebbero 8.diresti/direste 9.andrebbe/andrebbe 10.avrei/avremmo

F. 1.Noi parleremmo italiano, ma lui non capisce la lingua. 2.Gli studenti leggerebbero tutto il romanzo per domani, ma è troppo lungo. 3.Loro vivirebbero a San Francisco, ma è troppo caro. 4.Io berrei vino, ma mi addormenterei immediatamente. 5.Lei avrebbe molti soldi, ma le piace usare la Sua carta di credito troppo. 6.Lei ci direbbe tutto, ma non lo sa. 7.Lui si metterebbe la giacca, ma non fa freddo. 8.Tu saresti ricco-a, ma non vuoi lavorare venti ore al giorno. 9.Io uscirei di casa alle sei, ma non mi sveglio fino alle otto. 10.Loro vi darebbero tutti i soldi, ma non sarebbe abbastanza per comprare una Ferrari. 11.Lei verrebbe in Europa, ma deve finire la scuola prima. 12.Noi saremmo a casa ora, ma dobbiamo vedere la nostra professoressa di inglese all'una. 13.Tu andresti a Las Vegas in treno? 14.Io direi qualcosa, ma ho paura di parlare davanti a gruppi grandi. 15.Lei mi farebbe una torta, ma non ha tutti gli ingredienti.

31. *Passato Remoto*

A. 1.io 2.tu 3.Lei, lui, lei 4.Lei, lui, lei 5.io 6.loro 7.noi 8.tu 9.voi 10.noi 11.loro 12.io 13.loro 14.tu 15.voi

B. 1.i 2.ste 3.mmo 4.rono 5.sti 6.ò 7.rono 8.mmo 9.ò 10.ò 11.ste 12.sti

C. 1.cantai 2.ballò 3.dormirono 4.pagasti 5.insegnaste 6.viaggiò 7.comprammo 8.suonarono 9.ripetesti 10.preferì

D. 1.lessero; metteste, misero; nacqui, nascemmo 2.prendeste, presero; risi, ridemmo, risero; rispondesti, rispondeste, risposero 3.scrisse, scriveste; sorrisi, sorridemmo; vide, vedeste 4.venne, veniste; vincemmo, vinsero; visse, viveste

E. 1.mangiai, mangiasti, mangiò, mangiarono 2.uscii, uscisti, uscì, uscirono
3.feci, facesti, fece, fecero 4.fui, fosti, fu, furono 5.dissi, dicesti, disse, dissero
6.credei, credesti, credè, crederono 7.pagai, pagasti, pagò, pagarono

F. 1.Dante non studiò il giapponese. 2.Newton mangiò molte mele. 3.George
Washington non andò alla luna. 4.Galileo non usò il telefono. 5.Milioni di
persone morirono nella Seconda Guerra Mondiale. 6.Franklin Roosevelt
nacque negli Stati Uniti. 7.I romani non mangiarono gelato. 8.Michelangelo
bevve birra? 9.Gli europei arrivarono alle Americhe nel 1492. 10.Karl Marx
non scrisse la Divina Commedia. 11.Giotto fu un artista italiano. 12.Gli
americani misero un uomo sulla luna. 13.I miei nonni nacquero in Italia.
14.Einstein scoprì la teoria della relatività. 15.I soldati di Napoleone andarono
in Egitto. 16.Gli Stati Uniti comprarono la Louisiana dai francesi. 17.Le
donne americane non votarono nel 1870. 18.Mozart scrisse molte belle opere.
19.Shakespeare non visitò la Cina. 20.Giulio Cesare fu uno scrittore famoso.

32. Presente Subjunctive: Forms

A. 1.parli, parliamo 2.studino, studiate 3.balliate, balli 4.fumiamo, fumino
5.compri, compriate 6.ritorni, ritorniamo

B. 1.dorma, dormiamo 2.vivano, viva 3.scriva, scriva 4.finiate, finiamo 5.apra,
apra 6.insista, insistano

C. 1.dia, dia, diano 2.sappia, sappiamo, sappia 3.dica, dicano, dica 4.stiano,
stiamo 5.faccia, facciamo, faccia 6.possiate, possiamo, possa 7.esca, usciamo
8.veniate, venga, venga 9.andiate, vada 10.abbia, abbiate

D. 1.Loro vogliono che io parli spagnolo ora. 2.Io voglio che Lei mi scriva ogni
settimana. 3.I bambini vogliono che noi gli mandiamo regali. 4.Suo cugino
non vuole che tu lo chiami alle tre di mattina. 5.I professori vogliono che gli
studenti studino molto. 6.I dottori non vogliono che i loro pazienti fumino.
7.Noi vogliamo che voi andiate in Francia in aereo. 8.Mia madre vuole che io
possa suonare la chitarra. 9.Io non voglio che voi beviate molto. 10.Il
professore (la professoressa) vuole che noi portiamo i libri alla classe. 11.La
sua ragazza non vuole che lui esca con altre donne. 12.Suo marito non vuole
che lei veda il suo ex ragazzo. 13.Loro vogliono che io sappia nuotare. 14.Il
nostro dottore vuole che noi facciamo esercizio un'ora al giorno. 15.Io voglio
che tu conosca mia figlia.

33. Presente Subjunctive: Usage

A. 1.arrivino 2.ritornino 3.mangi 4.vadano 5.porti 6.rubi 7.diventi 8.sappiate
9.spieghi 10.dia 11.esca 12.impari

B. 1.vinca 2.possa 3.sia 4.abbia 5.riceviamo 6.arrivi 7.sia 8.fumino 9.conceda
10.abbia

C. 1.possa 2.si alzi 3.sia 4.guadagnino 5.dicano 6.andiate 7.leggiamo

D. 1.cominci 2.spieghiate 3.svegli 4.possiamo 5.veda

E. 1.venga 2.sappia 3.piaccia 4.possa 5.abbiano 6.suoni

F. 1.Io non voglio che tu arrivi in ritardo. 2.Il dottore mi dice che non fumi.

3.È importante che noi andiamo in vacanze. 4.È importante andare in vacanze.
5.I turisti ci chiedono che li portiamo all'aeroporto. 6.Gli sorprende che io
possa mangiare e parlare allo stesso tempo. 7.Il presidene non è contento
che i giornalisti vogliano sapere tutto. 8.Che strano che ci sia un elefante nella
piscina. 9.È terribile che il professore sempre ci dia compiti. 10.È evidente
che voi avete finito le vostre lezioni. 11.Non è vero che i dottori scrivano
chiaramente. 12.È impossibile che mia figlia legga un romanzo in trenta
minuti. 13.Noi non conosciamo nessuno che possa parlare francese, spagnolo e
tedesco con il suo cane. 14.Lei cerca lo studente che sa suonare la chitarra?
15.La moglie di John lavora affinché lui possa studiare medicina all'università.
16.Il segretario viene all'ufficio purché il capo faccia il caffè. 17.Loro vanno
alla banca appena apra. 18.Noi siamo tristi che Sofia sia all'ospedale.
19.Mi disturba che tu sempre mi chieda soldi. 20.Sua madre proibisce che lui
guidi la sua Maserati.

34. Past Subjunctive

A. 1.abbia parlato, abbia parlato 2.abbia bevuto, abbia bevuto 3.abbiate visto,
abbiamo visto 4.abbia finito, abbiate finito 5.sia uscita, siano usciti 6.abbia
ballato, abbia ballato 7.abbiate scritto, abbiano scritto 8.sia venuta, siano
venuti

B. 1.abbia comprato 2.sia stato 3.abbiate visitato 4.siano andate 5.abbia guidato
6.abbiate studiato 7.siano divertiti 8.siamo saliti 9.abbiano chiesto 10.abbia
conosciuto 11.abbiano sentito 12.abbia detto 13.sia andata 14.siano ritornate
15.ti sia alzato

C. 1.abbia cantato, abbia cantato 2.sia stato, sia stata 3.abbia visto, abbiano visto
4.abbiate aperto, abbia aperto 5.sia morta, siano morti 6.abbiamo scritto,
abbia scritto 7.abbiate servito, abbia servito 8.sia venuto, sia venuta 9.abbia
finito, abbiate finito 10.abbia portato, abbia portato

D. 1.Loro non credono che io abbia visitato il Giappone molte volte. 2.È bene che
loro abbiano imparato le loro lezioni. 3.Non è vero che noi abbiamo mangiato
in quel terribile ristorante cinque volte. 4.È possibile che lui sia già uscito.
5.Io non credo che la dottoressa sia arrivata a tempo. 6.Noi siamo contenti che
voi siate stati in Italia e in Francia. 7.Loro dubitano che lui mi abbia fatto
molti favori. 8.È impossibile che loro non abbiano scoperto la verità ancora.
9.Lei non crede che gli studenti abbiano imparato troppi verbi. 10.È un
peccato che lui mi abbia chiesto soldi di nuovo. 11.Io spero che loro gli
abbiano detto la storia. 12.È probabile che sua madre sia ritornata dall'Europa.
13.Non è vero che io sia stata una cattiva studentessa. 14.È incredibile che i
suoi figli abbiano imparato a suonare il pianoforte e la chitarra in tre mesi.
15.Loro dubitano che noi non abbiamo ancora aperto i nostri regali.
16.Io spero che loro abbiano risolto il loro difficile problema. 17.È incredibile
che lui sia caduto molte volte e che non si sia rotto le gambe. 18.Io sono
contento-a che i tuoi cugini ci abbiano scritto delle cartoline.

35. Imperfect Subjunctive

A. 1.parlassi, parlaste 2.mangiasse, mangiassero 3.studiassi, studiassimo
4.cantassero, cantasse 5.facessi, facessimo 6.andasse, andassero 7.desse,
dessimo 8.fossi, fossero 9.venissi, veniste 10.potessero, potesse

Answer Key

B. 1.comprasse 2.stessi 3.visitaste 4.venisse 5.avessimo 6.imparasse 7.guidaste 8.andassero 9.facessi 10.sentissero 11.dicesse 12.avessimo

C.1.guardassi, guardaste 2.capissero, capissi 3.fossimo, fosse 4.scriveste, scrivessi 5.facesse, facesssero 6.portassi, portasse 7.volessi, volessimo 8.andassero, andaste

D. 1.Loro non hanno creduto che io visitassi sei paesi in quattro giorni. 2.Non era vero che noi mangiassimo in quel ristorante. 3.Era possibile che lui comprasse una nuova macchina. 4.Io non pensavo che il dottore arrivasse a tempo. 5.Noi eravamo contenti che tu andassi in Italia. 6.Loro dubitavano che lui mi facesse molti favori. 7.Era un peccato che loro le chiedessero soldi. 8.Noi speravamo che loro gli dicessero la storia. 9.Era probabile che suo padre ritornasse dall'Europa con molti regali. 10.Era incredibile che i suoi figli imparassero a suonare il pianoforte e la chitarra in tre mesi. 11.Io speravo che loro risolvessero il loro difficile problema. 12.Era importante che lui potesse essere lì. 13.Loro non pensavano che noi facessimo tutti i compiti in dieci minuti. 14.Lei voleva che voi portaste birra alla festa. 15.Noi speravamo che loro venissero in classe a tempo. 16.Lui era contento che loro fossero persone simpatiche. 17.Era impossibile che Lei sapesse tutto il vocabolario. 18.Noi non pensavamo che lui mettesse sale nella torta. 19.Il bambino dormirebbe dieci ore purché tu gli cantassi. 20.Io dubitavo che ci fosse un esame oggi.

36. Review of Verbs

A. 1.guardo 2.guardavo 3.ho guardato 4.guarderò 5.guarderei 6.guardai 7.guardi 8.abbia guardato 9.guardassi 10.guardiamo 11.guardate 12.guarda 13.non guardare 14.guardi

B. 1.leggi 2.leggevi 3.hai letto 4.leggerai 5.leggeresti 6.leggesti 7.legga 8.abbia letto 9.leggessi 10.leggiamo 11.leggete 12.leggi 13.non leggere 14.legga

C. 1.dice 2.diceva 3.ha detto 4.dirà 5.direbbe 6.disse 7.dica 8.abbia detto 9.dicesse 10.diciamo 11.dite 12.di' 13.non dire 14.dica

D. 1.entra 2.entrava 3.è entrata 4.entrerà 5.entrerebbe 6.entrò 7.entri 8.sia entrata 9.entrasse 10.entriamo 11.entrate 12.entra 13.non entrare 14.entri

E. 1.ritornano 2.ritornavano 3.sono ritornati 4.ritorneranno 5.ritornerebbero 6.ritornarono 7.ritornino 8.siano ritornati 9.ritornassero 10.ritorniamo 11.ritornate 12.ritorna 13.non ritornare 14.ritorni

F. 1.Io parlo 2.Io parlavo 3.Io parlavo 4.Io ho parlato ieri 5.Io parlerò 6.Io parlerei 7.Io ho parlato 8.Dante parlò 9.Loro dubitano che io parli 10.Loro dubitano che io abbia parlato 11.Loro dubitavano che io parlassi 12.Parliamo! 13.Parlate! 14.Parla! 15.Non parlare! 16.Parli!

G. 1.Tu mangi 2.Tu mangiavi 3.Tu mangiavi 4.Tu hai mangiato ieri 5.Tu mangerai 6.Tu mangeresti 7.Tu hai mangiato 8.Dante mangiò 9.Loro dubitano che tu mangi 10.Loro dubitano che tu abbia mangiato 11.Loro dubitavano che tu mangiassi 12.Mangiamo! 13.Mangiate! 14.Mangia! 15.Non mangiare! 16.Mangi!

H. 1.Lei scrive 2.Lei scriveva 3.Lei scriveva 4.Lei ha scritto ieri 5.Lei scriverà 6.Lei scriverebbe 7.Lei ha scritto 8.Dante scrisse 9.Loro dubitano che lei scriva 10.Loro dubitano che lei abbia scritto 11.Loro dubitavano che lei scrivesse 12.Scriviamo! 13.Scrivete! 14.Scrivi! 15.Non scrivere! 16.Scriva!

I. 1.Noi sappiamo 2.Noi sapevamo 3.Noi sapevamo 4.Noi abbiamo saputo ieri
   5.Noi sapremo 6.Noi sapremmo 7.Noi abbiamo saputo 8.Dante seppe 9.Loro
   dubitano che noi sappiamo 10.Loro dubitano che abbiamo saputo 11.Loro
   dubitavano che noi sapessimo 12.Sappiamo! 13.Sapete! 14.Sappi!
   15.Sappia!

J. 1.Loro vanno 2.Loro andavano 3.Loro andavano 4.Loro sono andati ieri
   5.Loro andranno 6.Loro andrebbero 7.Loro sono andati 8.Dante andò
   9.Noi dubitiamo che loro vadano 10.Noi dubitiamo che loro siano andati
   11.Noi dubitiamo che loro andassero 12.Andiamo! 13.Andate! 14.Vai! / Va'!
   15.Non andare! 16.Vada!

ABOUT THE AUTHOR

Domenico Maceri (E-mail: dmaceri@gmail.com) (Home Page: http://languageblogger.blogspot.com/) was born in Italy where he received his early training in languages. He continued his studies in languages and literatures at Jersey City State College in New Jersey, UCLA, Cal State Northridge, and later completed a PhD in Comparative Literature (Italian, French, and Spanish) at the University of California in Santa Barbara. He is the author of a book on Pirandello and one on Spanish grammar. He has also published a number of articles which appeared in *World Literature Today, Italian Quarterly, Hispania, Teacher Magazine, Mosaic, Italian Journal, The Los Angeles Times, Hispanic Magazine, The Chicago Tribune, L'Unità, Vista Magazine, The Washington Times, La Opinión, The Japan Times, Language Magazine,* and elsewhere. His weekly column is published by *La Oferta* (San Jose, CA). Dr. Maceri is professor of Romance languages at Allan Hancock College.